アフターコロナの経営戦略

コロナショックを生き延びる！
事業経営の実践ノウハウ

森 泰一郎
Mori Taiichiro

JN108101

SE
SHOEISHA

本書内容に関するお問い合わせについて

このたびは翔泳社の書籍をお買い上げいただき、誠にありがとうございます。弊社では、読者の皆様からのお問い合わせに適切に対応させていただくため、以下のガイドラインへのご協力をお願い致しております。下記項目をお読みいただき、手順に従ってお問い合わせください。

●ご質問される前に

弊社Webサイトの「正誤表」をご参照ください。これまでに判明した正誤や追加情報を掲載しています。

正誤表　https://www.shoeisha.co.jp/book/errata/

●ご質問方法

弊社Webサイトの「刊行物Q&A」をご利用ください。

刊行物Q&A　https://www.shoeisha.co.jp/book/qa/

インターネットをご利用でない場合は、FAXまたは郵便にて、下記"翔泳社 愛読者サービスセンター"までお問い合わせください。
電話でのご質問は、お受けしておりません。

●回答について

回答は、ご質問いただいた手段によってご返事申し上げます。ご質問の内容によっては、回答に数日ないしはそれ以上の期間を要する場合があります。

●ご質問に際してのご注意

本書の対象を越えるもの、記述個所を特定されないもの、また読者固有の環境に起因するご質問等にはお答えできませんので、予めご了承ください。

●郵便物送付先およびFAX番号

送付先住所	〒160-0006　東京都新宿区舟町5
FAX番号	03-5362-3818
宛先	（株）翔泳社 愛読者サービスセンター

※本書に記載されたURL等は予告なく変更される場合があります。
※本書の出版にあたっては正確な記述につとめましたが、著者や出版社などのいずれも、本書の内容に対してなんらかの保証をするものではなく、内容やサンプルに基づくいかなる運用結果に関してもいっさいの責任を負いません。
※本書に記載された内容はすべて筆者の個人的な見解に基づいたものであり、特定の機関、組織、グループの意見を反映したものではありません。また、本書に掲載されている情報の利用によっていかなる損害が発生したとしても、著者並びに出版社は責任を負いません。
※本書の内容は、2020年7月1日現在の情報に基づいています。

はじめに

「ウィズ（with）コロナ」を生き残り、「アフター（after）コロナ」を制する者は誰か？

本書は、企業が**「ウィズコロナ」で生き残るための戦略、そして「アフターコロナ」を勝ち抜くための戦略**について解説している。

本書執筆時（２０２０年７月）、コロナショックが国内景気を急速に悪化させている。２０２０年6月19日に内閣府が発表した6月の月例経済報告によると、「景気は、新型コロナウイルス感染症の影響により、極めて厳しい状況にあるが、下げ止まりつつある」とされている。個人消費は持ち直しの動きが見られるものの、設備投資は弱含んでいる、輸出は感染症の影響で急速に減少している、と日本が得意とする設備投資や輸出の分野で景気悪化が見込まれる。

企業の業況感を示す２０２０年6月の日銀短観（ＤＩ）も、すべての企業規模で２０２０年3月調査から25％以上悪化。中堅・中小企業では、今後もさらなる落ち込みが見込まれている。全産業の設備投資の見通しは、０・８％減、修正率はマイナス２・９％と大きく下落している。この調査は5月28日から6月30日までの統計で構成されており、東京都における再度の感染拡大の影響が組み込まれていない。日銀短観は四半期ベースの公表のため、次の統計では再度悪化する可能性がある。

実際に、東京商工リサーチによる２０２０年６月24日の『上場企業「新型コロナウイルス影響」調査』では、上場企業の業績の下方修正額が、売上げで６・２兆円、最終利益で４兆円にのぼることが明らかとなっている。加えて、この数値に開示されていない中小企業の数字を加算すれば、企業業績は大きく落ち込むことが予想される。また、２０２０年３月期決算の２４０６社のうち、６月10日までに新型コロナの影響や対応を情報開示した企業は全上場企業の90・４％を占める。そのうち、減益となったのは60％、業績の下方修正も８９８社にのぼる。

中小企業についても売上げ・利益の減少によって、以前から業績の悪かった企業を筆頭に、足元の資金繰りが悪化し、倒産ラッシュが進んでいる。帝国データバンクによる２０２０年７月６日の調査では、「コロナ倒産」が累計で３１３件にのぼることがわかっている。業種としては、インバウンド消失と外出自粛によって強い影響を受けたこともあり、飲食店が49件、ホテル・旅館業が48件、アパレル・雑貨小売業が21件となっている。また、ホテルや飲食店の周辺領域である食品製造が18件、食品卸が19件と、関連業界にもその影響が広がっている。帝国データバンクの発表によると、２０２０年6月のコロナウイルス関連倒産件数は、月１００件を超えている。

他にも、好景気による金余りを活かして拡大してきた国内のベンチャー企業も苦境に立たされている。ベンチャーエンタープライズセンターがまとめた「ベンチャーキャピタル等投資動向調査」によると、２０２０年1月から3月の投資額は前期より31％も減少している。

また、コロナウイルス感染症の影響により、解雇・雇い止めは２０２０年7月1日に3万人を超え、消費にも今後影響がある。

トヨタやリクルート、オリエンタルランドといったこれまで業績好調だった大手企業も積極的に資金繰りを行っている。**仮に各社が今後半年以内に「ウィズコロナ」を生き抜く手法を学び、「アフターコロナ」で勝ち抜くための経営戦略へと転換しなければ、たとえコロナウイルス感染症が収まったとしても、今後も倒産件数は増加し続けると思われる。**

あらゆる会社が倒産予備軍

これは何も表面上の統計の話ではなく、**現にあなたの会社も倒産の憂き目に遭う可能性**

が極めて高いことを意味している。仮にあなたの会社が特に今後の戦略・計画がなく、「アフターコロナ」の世界に突入すれば、銀行はそのまま危機対応の借入金を貸し続けてくれるだろうか。おそらく、今はメディアからの批判を恐れて仕方なく貸してくれるだろうが、その後には貸し渋り、貸し剥がしになる可能性が高い。たとえ貸し剥がしにはならなくても、借りたお金はいつかは返す必要がある。今借りたお金も3年後には利払いが始まる。今は裁判所が不要不急の倒産を止めるように指示しているから増加していないが、明確な戦略がなければ、多くの会社が倒産の憂き目に遭う可能性が高い。

リーマンショックの際も同じようなことが起こっていた。銀行は、はじめのうちはお金を貸してくれるものの、しばらくすると貸し渋り、貸し剥がしが起き、その結果、多くの企業が倒産していった。

財務省の『法人企業統計調査（令和2年1～3月期）（速報）』によれば、日本企業の手元流動性は、2020年1～3月において、資本金1億円未満の企業が21・6カ月分と比較的余裕があるのに対し、資本金1億円から10億円未満は10・5カ月、資本金10億円以上が12・4カ月と中堅以上の企業のほうが、手元流動性が厳しくなっている。実はこの手元流動性という数値にはマジックがあり、現預金だけでなく、有価証券などが含まれている。株価が下がっている中で、この有価証券も現在価値に換算すれば目減りしているし、そもそも中小企業の有価証券は容易には売却できないため、実態はこの数字よりはるかに悪い。このまま環境の変化に早期に適応できなければ、現在コロナショックで厳しい業界以外の企業も当然倒産リスクが高くなる。

さらに日本企業の大半は、海外企業や海外の市場とも取引がある。アメリカはＦＲＢが「経済が急速に悪化」としており、一時は20％近い失業率になっていた。『日本経済新聞』が２０２０年5月2日に発表したＱＵＩＣＫ・ファクトセットの財務データでは、ヨーロッパ企業が71％の減益、アメリカ企業が36％の減益となっている。特に自動車や素材・エネルギーなど、日本の基幹産業である業種の収益性が世界的に悪化しており、需要回復までには相当時間がかかるだろう。

これらを踏まえて、短期的にはコロナウイルスが収まらないと予想できる中で、**「ウィズコロナ」の世界を日本企業はどのようにして生き抜くべきか**、そして、**「アフターコロナ」の世界で日本企業はどのようにして戦うべきなのか**、経営戦略の転換という視点からの指針を本書では示していく。

コロナショックの中で進むアメリカ企業、中国企業。遅れる日本企業

では、具体的に中国とアメリカではどのような変化が起きているのか。

まずアメリカでは、「アフターコロナ」を見据えた新しいビジネスが広がりつつある。たとえば、フェッチ・ロボティクスは、AMR（Autonomous Mobile Robot：自律移動ロボット）を展開する2014年創業のベンチャー企業である。同社はクラウドロボティクスを掲げ、100億円超の資金調達を実施。「アフターコロナ」下でEC需要が再度本格的に拡大すると考えられているアメリカにおいて、複雑な開発なしでシンプルかつ短時間で使える倉庫向けのロボットを今後大量に投下することとしている。

他にも、アメリカでは各メーカーが「アフターコロナ」によって広告のあり方を変化させており、「リテールメディア」と呼ばれるメディア分野が急速に拡大している。リテールメディアとは、アマゾンやターゲット、ウォルマートといった巨大ECサイトのスペースを1つのメディアとしてクライアントに貸し出すビジネスモデルのことである。

Kenshoo社の調査では、「ウィズコロナ」によって広告予算が削減されている2020年4月度においても、リテールメディアへの投資を現状維持もしくは増加させると回答し

た企業は67％にものぼることが明らかとなっている。グーグルなどの検索広告やSNS広告から、リテールメディアへと広告業界のビジネスのあり方も「アフターコロナ」の時代に合わせて変化してきているのである。

アメリカと同様に、中国からも「アフターコロナ」を見据えた、新しいビジネスが登場してきている。たとえば、教育分野ではオンライン化が急速に進展。中国国内の2・7億人がオンライン上で授業を受けることが当たり前となった。これによって中国のオンライン教育市場規模が620億ドルまで拡大し、これを勝機と捉えたアリババグループは、オンラインプラットフォームの「Ding Talk」において無料サービスを強化したことで、国連が世界中に推薦するサービスとなった。これがきっかけで、アプリのダウンロード数は300倍アップ。巨大なEC企業から、EC以外の分野へと多角化を進めるアリババグループの戦略にぴったりとはまった。

他にも、中国のEC市場は「アフターコロナ」を契機に再度急速に成長を遂げている。2019年にEC市場の成長率は20％まで減少していたものの、翌年5月のGWから大幅に上昇している。その要因となったのが、小売店の倉庫能力の拡大とAIを活用した配送の最適化である。注文数が急激に増加したことから、物流への負担がかかり拡大ペースが緩やかだったが、小売店に倉庫機能を設け、物流拠点から小売店、小売店から自宅というルートをアプリベースで再構築したことで、物流の効率化が急速に進んだのである。

このように、アメリカや中国の企業では、「ウィズコロナ」で知恵を絞った結果、「アフターコロナ」で勝ち抜くための土台を築き上げることに成功し始めている。

では、「ウィズコロナ」への対応に苦慮し、自粛のやり方に苦心している日本企業は、どのように今後の経営戦略を決めていくべきだろうか。本書で具体的に見ていきたい。

本書で提示する2つのフェーズ

ここまで再三指摘してきたが、本書では「**ウィズコロナ**」**の時代**と「**アフターコロナ**」**の時代**の2つのフェーズに分けて説明をしていく。

第1部である「ウィズコロナ」の時代では、リーマンショックからコロナショックまでの11年間を捉え、**日本企業の経営戦略が本当に正しかったのかの再検討・再点検**と、それらを踏まえて、**企業が取り組まなければならない「ウィズコロナ」を生き抜くための経営戦略上のポイント**について、筆者なりの見解を提示する。

具体的には本文に譲るが、日本企業がこれまで追いかけてきた「集中と選択」や「イノベーション」といった経営テーマがメインとなる。あわせて近年の流行である「ニューエコノミー」や「グローバリズム」などについても、筆者なりの視点をお伝えしたい。

次に、第2部の「アフターコロナ」の時代では、**4つの重要なトレンドについて解説した上で、それぞれをどの時間軸で実行するべきかを「SDMSフレームワーク」として提示する。**

第3部では、読者からの質問が多いと想定される、**新規事業と既存事業のバランス、「アフターコロナ」の組織マネジメント**などを中心に追加的な解説を行った。

事前にお断りしておくが、本書では何か目新しいモデルを展開するものではない。そうではなく、今既にある理論の中で、どれをどのように、そしてどの時間軸で取り入れていくべきなのかを解説し、さらには業界ごとの最適な事例をそれら4つのモデルの視点で説明を加えていくものである。

自社とは関連のないと思われる業界の事例が、自社における今後の経営戦略上の指針となることは、筆者が日々コンサルティングを行う中でよく目にすることである。むしろ、あまりに身近な競合の戦略に引きずられるとかえって同質化を招くとアドバイスすることもある。したがって、「自社とは関係のない業種だ」とは思わず、ぜひ最後まで読み進めていただければ幸いである。

本書を有効活用するために

本書では、その内容を有効活用していただくために、2つの工夫を行った。

社内で前向きな話をしようとする際に、話が嚙み合わないという経験はないだろうか。それは、社員同士、経営者と社員間で共通言語がないことに原因がある。そこで本書では、**社内で共通言語を持てるように、ビジネス用語や経済用語についても嚙み砕いた説明を行うことで、はじめて経営戦略の書籍を読む人にもわかりやすく解説している。**「アフターコロナ」に備えて知識をアップデートして全社の足並みをそろえていくために、各社の当時の意思決定にも踏み込みながら記載している。

本書の内容を全社的に展開し、時にはダメ出しをしながら、ノウハウ化していただきたい。あなたが経営者であれば経営会議の議題に載せたり、新入社員に渡したりしてもよいだろう。多くの人が社内の共通言語の構築に役立つように、経営分野において重要なキーワードや経営戦略のワードについても丁寧に解説を行うことを目標とした。

2つ目は、**さまざまな統計データや企業の決算書を読み解きながらリアルに伝えている点**である。大半の経営戦略の教科書は抽象的な議論が多く、なかなか実践をイメージすることが難しい。また事例集だと、1つ1つが独立していて、体系的に理解しづらい。

そこで本書では、上場企業の決算データや各種の統計データを多数紹介することで、リアルな事例をもとに戦略が理解できるようにした。さらには中小企業も含めて50以上の事例を掲載し、図表も多数掲載している。経営戦略というと固くなりがちだが、企業の事例集としても楽しんで読んでもらえるはずだ。

以上、ややまえがきが長くなってしまったが、これから本文に入っていくこととする。まずは「ウィズコロナ」の世界をどう生き抜くかから始めていきたい。

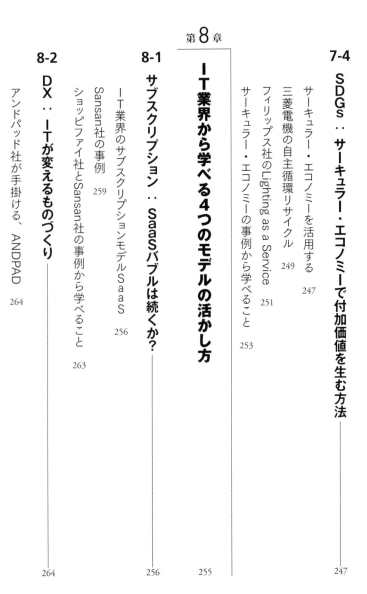

■会員特典データのご案内

本書の読者特典として、ページの都合で掲載できなかった原稿をご提供致します。
会員特典データは、以下のサイトからダウンロードして入手いただけます。

https://www.shoeisha.co.jp/book/present/9784798167695

●注意

※会員特典データのダウンロードには、SHOEISHA iD（翔泳社が運営する無料の会員制度）への会員登録が必要です。詳しくは、Webサイトをご覧ください。
※会員特典データに関する権利は著者および株式会社翔泳社が所有しています。許可なく配布したり、Webサイトに転載したりすることはできません。
※会員特典データの提供は予告なく終了することがあります。あらかじめご了承ください。

●免責事項

※会員特典データの提供にあたっては正確な記述につとめましたが、著者や出版社などのいずれも、その内容に対してなんらかの保証をするものではなく、内容やサンプルに基づくいかなる運用結果に関してもいっさいの責任を負いません。

第1章

「ニューノーマル」はやってくるか？

1-1 リーマンショック後を振り返る

「アフターコロナ」時代の「ニューノーマル」

「アフターコロナ」を見据えて、よく耳にするようになった言葉のひとつが、「**ニューノーマル（新常態）**」である。各種経済誌では、「ニューノーマル」特集がそこかしこで登場している。そこでは、「テレワークが当たり前になる」というレベルの指摘から、「東京一極集中から地方分散へ」「ＢＣＰ（事業継続計画）対策が重要だ」「恒常的な不動産地価下落が訪れる」など、さまざまな視点からニューノーマルについて語られている。そのため、この言葉について混乱している人も多いだろう。

そもそも、ニューノーマルとはどのような意味だろうか。ニューノーマル（新常態）とは、これまではまったく新しい（ニュー）と考えられていたことが、ある時点をきっかけに標準（ノーマル）になる、つまり構造変化が避けられないことを示した造語である。リーマンショック後においてリーマンショック前の状態には戻らないという意味で、中国の習近平主席が2014年に「ニューノーマル」という言葉を用いたことから一般的に広まった。

現在、「ニューノーマル」論は、前述のように、テレワークやペーパーレスなどの個別具体的な論点が多い。

そこで本節では、「アフターコロナ」の本質的な「ニューノーマル」とは何かについて、外部環境や経営スタイルといった、よりマクロの視点から理解するために、**そもそもリーマンショック以降からコロナショックにいたるまで、どのような変化があったのか、それがどのように変化するのか**、について見ていきたい。

ただし、個別具体的に変化を紹介しても上記と変わらない結論になりかねない。そこで、世の中の変化を体系的に分析する手法とその重要性をはじめて指摘し、多くの経営者が信頼する経営学者であるピーター・ドラッカーの『創造する経営者』（ダイヤモンド社）を参考とする。

ドラッカーは、未来を見通すためには、**「既に起こった未来」から予測を立てること**が重要だと指摘する。ドラッカーが「既に起こった未来」を見通すために必要としているポイントは5つある。

1点目に、**人口構造の変化**である。具体的には、労働力や市場、社会、経済にどのような人口構造の変化が起きているのか、ということである。

2点目に、**知識の領域**である。企業がその卓越性の基盤とするべき知識の領域がどのように変化しているのか、ということである。

3点目に、**他の産業や他の国、他の市場の変化**である。本書の中で、読者にさまざまな業界の事例を紹介するのは、この指摘の通りだ。

4点目に、**産業構造の変化**である。リーマンショックから現在までにどのような産業構造の変化があったのか、ということである。

5点目に、**組織内部の変化**である。リーマンショックから現在までに企業の内部でどのような変化が生じているのか。この既に起こった未来は個々の企業によって異なるが、読者には改めて自社について分析してほしい視点である。

これらの視点を参考にして、経営戦略よりもさらにマクロな外部環境や経営スタイルといった視点から「ニューノーマル」が訪れるとすればどのような範囲で影響するのかについて見ていく。また、あわせて本当に「ニューエコノミー」なるものが登場するのか、それについても触れていきたい。

図1　人口動態の推移（2009〜2019年）　単位：千人

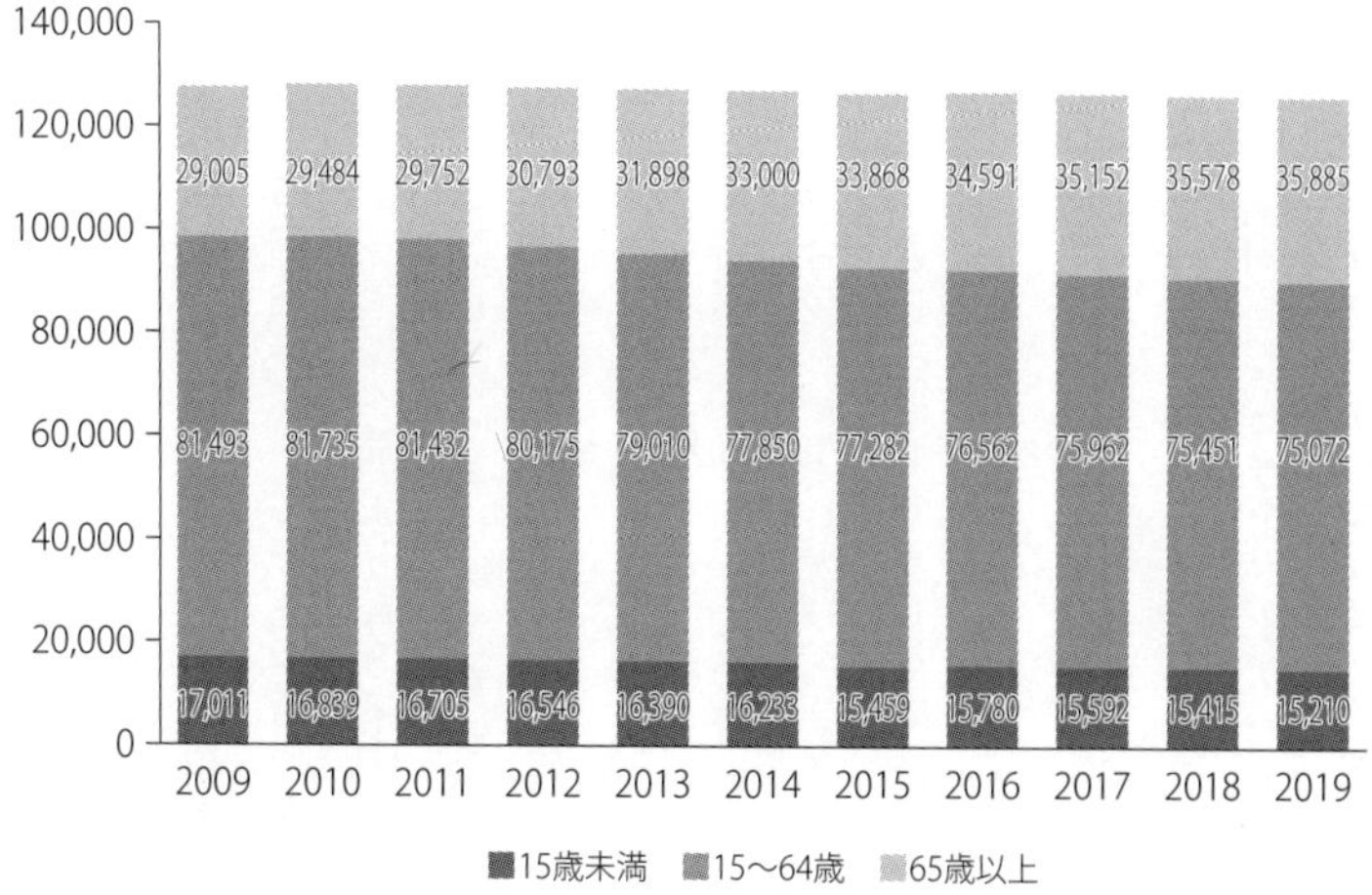

出典：総務省統計局「人口推計」

生産年齢人口の減少という衝撃

では、ドラッカーの視点をもとに、リーマンショック後からコロナショックまでの11年間を見ていこう。ここからの話は全業界に当てはまるので、じっくりと読んでいただきたい。

まずはドラッカーが最初に指摘した、人口構造の変化について見ていく。図1は、総務省統計局による２００９年から19年までの11年間の人口の推移を示している。

この非常にシンプルな統計は、実はいくつかの重要な「既に起こった未来」、そして「ウィズコロナ」から「アフターコロナ」までの視点を示している。

1つ目に、リーマンショック後、私たちが強く意識しない間に、日本の人口は2010年に1・28億人を記録し、**ピークアウトした**ということである。2010年といえば、日経平均は1万円前後。リーマンショックの底である8千円台からは2千円程度戻ったものの、リーマンショック前よりも8千円安い状態。記録的な猛暑もあり、消費が伸び悩んだ。さらには、「無縁社会」という言葉が流行語大賞にノミネートされたのもこの年である。

この頃、日本の目に見える成長力ともいえる人口がピークアウトし、減少に転じたのである。そこから、19年までに人口は180万人、1・4％も減少している。国立社会保障・人口問題研究所が2017年に公表した「日本の将来推計人口（平成29年推計）」では、日本の人口は今後も減少し続け、2030年にはさらに600万人も減少し、1・2億人にまで減少、さらには2040年には1・1億人にまで下がることが想定されている。

「ウィズコロナ」を生き抜き、「アフターコロナ」を勝ち抜く上で、まずは人口が2010年にピークアウトし、今後10年間で、これまでの3倍以上減少することを想定しておかなければならない。これは、消費者が同程度減少することを意味している。つまり、あなたの企業が国内需要だけをターゲットとしているのならば、「ウィズコロナ」の今こそ、**今後の顧客ターゲットについて、再検討しなければならない**のである。

2つ目に、15〜64歳と呼ばれる**生産年齢人口の急激な減少**である。人口全体の減少については理解していた人も多いかもしれないが、生産年齢人口がこの10年で600万人、つまり10％も減少したことは知らなかった人も多いだろう。生産年齢人口は消費の中心であるだけでなく、労働の中心でもある。この層が減少していくことは、日本経済の活力を削ぐ結果となる。

「ウィズコロナ」の世界では、多くの企業が今後の採用人数を減らしたり、目の前のコストカットのためにアルバイトや派遣社員だけでなく、正社員のリストラを行ったりしている。一方で理解しておかなければならないのは、これまで「好景気で人手不足」と言っていたのは、そもそも生産年齢人口が10％減少してきたためであり、好景気だけが原因ではないことである。テレワークなどの生産性を向上させる施策や65歳以上の人にも労働力になってもらう施策はあるものの、今後、労働力は必ず、そして急速に減少する。

コロナウイルスの流行が収まり、本格的に景気が回復してくると、外国人労働者を積極的に登用しない限り、多くの企業で必ず労働力が足らなくなる。けれども、日本の大半の企業、特にホワイトカラーでは外国人労働者を積極的に受け入れられる準備が整っていないだろう。

したがって、「ウィズコロナ」の世界では、やみくもに社員数を減らすのではなく、不採算部門の撤退などで収益を改善し、仮に減らすとしても、その減らし方には十分に注意する必要がある。

以上のことから、**人口構造の変化が日本企業に「ニューノーマル」を持ち込むこと**は明らかである。コロナウイルスによってそのスピードが速まった感はあるものの、これは不可逆的な変化だといえよう。

産業構造のIT化

人口動態の次に、ドラッカーが3番目に指摘した「他の産業や他の国、他の市場の変化」と、4番目に指摘した「産業構造の変化」について見ていこう。

リーマンショック後に大きく変化したのは、IT業界の発展だろう。本書でもデジタル・トランスフォーメーション（DX）について第2部で詳しく解説している。

内閣府が発表した『令和元年度　年次経済財政報告』では、「Society5.0」（インターネット空間を活用して新しい価値やサービスが創出される狩猟社会、農耕社会、工業社会、情報社会に次ぐ5番目の社会）として、ECやシェアリングエコノミー、IoT、AI、キャッシュレスといった情報技術の革新が重要であることが示されている。

図2　EC市場規模推移（2010～2019年）単位：億円

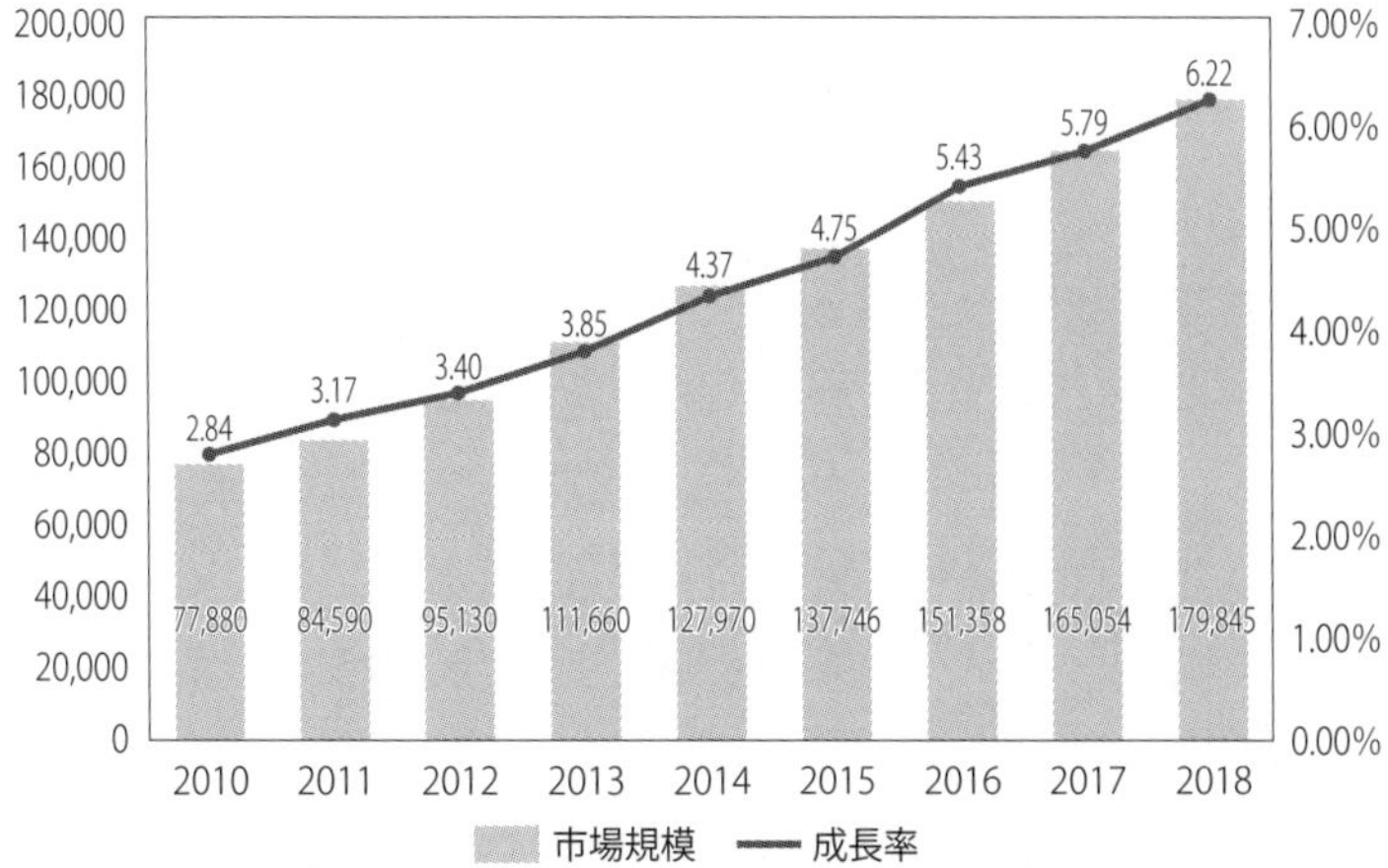

出典：経済産業省『平成30年度　我が国におけるデータ駆動型社会に係る基盤整備（電子商取引に関する市場調査）報告書』

具体的にはどの程度の市場規模があるのか。経済産業省の『平成30年度　我が国におけるデータ駆動型社会に係る基盤整備（電子商取引に関する市場調査）報告書』によると、ＥＣ市場はアベノミクスが起きた２０１０年に７・８兆円規模だったところから、２０１８年には18兆円まで実に10兆円以上も拡大している（図2参照）。成長率も年々拡大しており、「ウィズコロナ」の世界では、さらに広がることが想定される。

一足先を行く中国の状況も、個人向けＥＣの「タオバオ」や「suning.com」、共同購買プラットフォームの「ピンドゥオドゥオ」などのＥＣ企業の売上げ・株価は上昇しており、ウェブセミナーは30

万社が導入する「微吼《ウェイホウ》」がマーケットを押さえている。ちなみに、フードデリバリー最大手の「美団的評《びだんてんぴょう》」は自転車ライドシェアのmobikeを買収し、配達に関連する市場をすべて押さえる戦略を採っている。

したがって、「ウィズコロナ」の中で各企業は、自社のIT活用度を、**売上面とコスト面（原価および販管費）の2つの方向から再点検する**必要がある。

この動きは、既にいくつかの企業で見られている。たとえば、東日本大震災で被害を受けた製造業は、サプライチェーンの分断を避けるために、拠点間での設計図の電子化と、設計情報とノウハウの共有をBCP（事業継続計画）の中心に据えて取り組んでいる。実際に『2020年版　中小企業白書』によると、自然災害へのBCP対応は69・9％。感染症対策も23・2％の企業が対策済みとされている。

今後確実に起きる災害に備え、まだBCP対応をしていない30％の企業は、生産先や委託先の開拓、もしくは国内外の拠点間の再編も含め、「ウィズコロナ」の早期の段階から「アフターコロナ」を見据えた準備をしておく必要がある。

日本では、在庫情報や在庫の価値の把握がエクセルベースであったり、棚卸しのデータが年度末しか正確でない企業が少なくない。「ウィズコロナ」の世界を生き抜くために、コストダウンの施策を行う、さらに中小企業では、在庫の現金化を行うという提案がされても、全部調べ直したら途方もない時間とコストがかかると困っている経営者もいる。

そのような場合、各種の**在庫・価格把握サービスを検討する**のがひとつの解決策である。たとえば、ECサイトやインターネットモール上で自社の製品がいくらで売れているのかを把握していくツールとして、バリュース社が提供する「Price Search」がある。これを活用すれば、単純作業や店舗での価格調査の人手、感染リスクなどを減らしながら、自社製品の価格を把握することができる。他にも、在庫価値の把握や欠品、廃棄ロスの可能性の把握には、AIによる在庫の最適化を行うオークファン社の「zaicoban」が有用である。

これまでITを活用してサービス提供をしていなかった業界でも、コロナの拡大防止策としてIT化が求められる。たとえば、多くの飲食店が現在フードデリバリーへの対応、そして中食《なかしょく》との競争を強いられているが、今後もこの流れは続くだろう。ホテルでも「オンライン宿泊」という自宅からリモートで旅先の旅館へ泊まり、観光ができるサービスが登場するなど、今後もさまざまな動きが出てくると思われる。

話がやや脱線してしまったが、産業構造の変化という視点から見ると、**今後もIT化という大きな波としての「ニューノーマル」は訪れる**。むしろコロナショックによって、これまで進んでこなかった業務でもIT化が進み、さらなるIT化への対応を求められる。

組織内部の変化と知識の領域の変化

最後に、ドラッカーが5番目に指摘した、「組織内部の変化」である。これは2番目に指摘した、「知識の領域の変化」とも強い関係があるため、まとめて検討する。

まず、組織内部で求められている人材の職種の変化を見てみよう。図3は、転職エージェントのパーソルが提供している「職種別の転職求人倍率」である。これを見ると、どのような職種、つまり知識やノウハウが求められているかがわかる。現在求められている職種としては、技術系（ＩＴ・通信）が10倍近い求人倍率と圧倒的に1位である。前述のように、ＩＴサービスがすべての業界に広がる中で、優れたＩＴサービスを作り出したり、活用したりすることは必須であり、それをつかさどるエンジニアは不可欠な存在である。この流れは、コロナウイルスが拡大した２０２０年4月以降にも継続されており、求人倍率は足下でも8・7倍と、全体と比べて極めて高い水準にある。

一方で、事務・アシスタント系や販売・サービス系、営業系などは、この6年間ほぼ横ばい状態にある。営業系は２０２０年4月度で前年同月比０・42倍も減少している。このことから、組織内部でも、営業よりも先にサービスをＩＴ化させることが重要だと考えら

図3　職種別の転職求人倍率

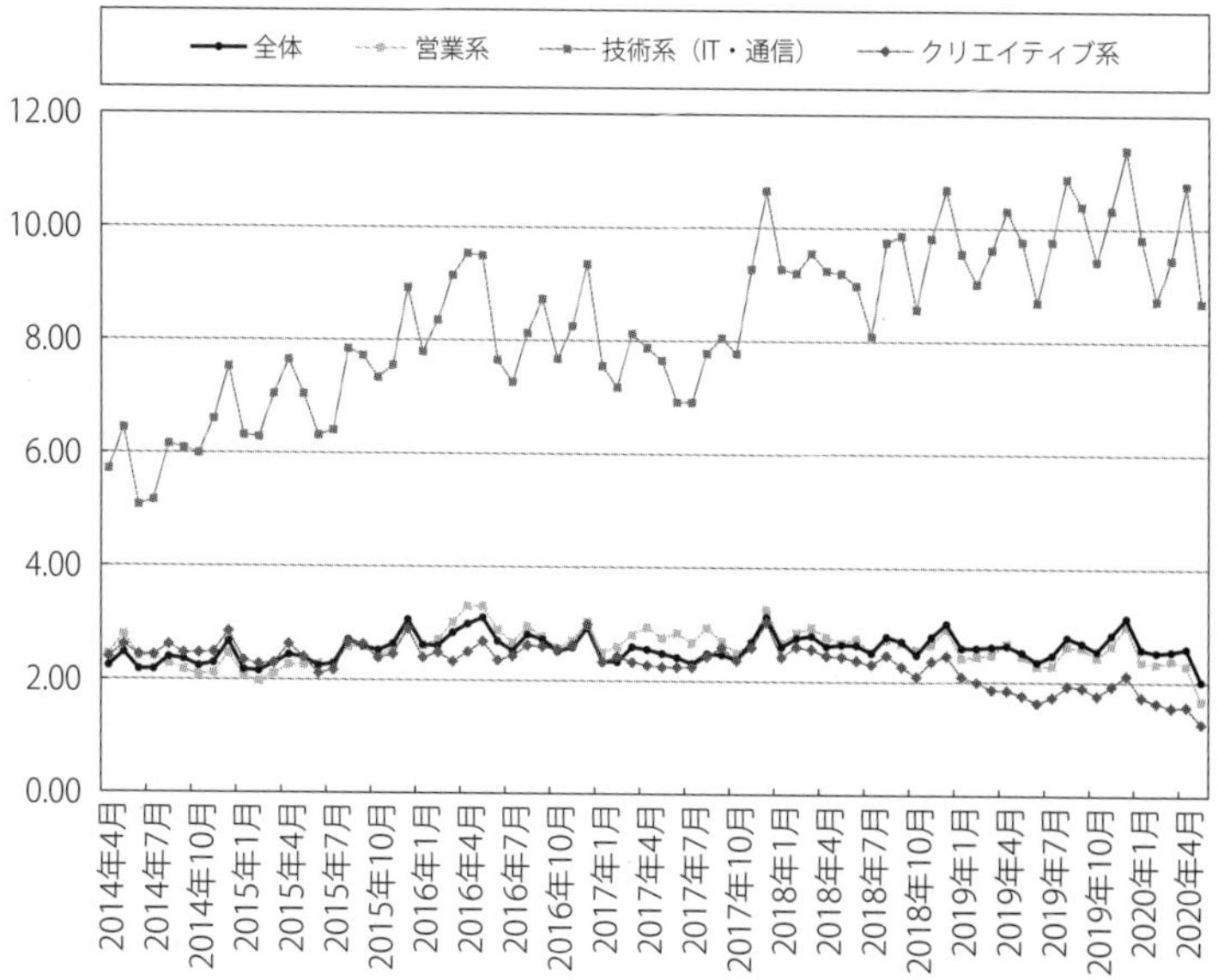

出典：doda「転職求人倍率レポート（2020年5月）」

れていることがわかる。

1点気になるのは、ITエンジニアの高いニーズと比較して、クリエイティブ系のニーズが増えていないことである。確かに「ウィズコロナ」の世界では広告媒体などが減少することから、短期的にはクリエイティブ人材は必要ないようにも思える。

しかし、ウェブサービスが広がる中で、優れたサービスを設計できるクリエイティブ人材は必要不可欠な存在であるし、パッケージやロゴデザインなども企業のブランド価値を高めるために必要である。当面すぐに増員する必要はないかもしれないが、「ウィズコロナ」の世界を生き抜く上でのコストダウンの領域には入れるべきではないだろう。「アフターコロナ」の世界ではフリーランスが再び増加することも考えられ、優秀な人ほど再雇用できる見込みは高くないからである。

以上、組織の知識や内部の変化についても、ＩＴ関連のノウハウがより重要となることは明らかである。これまで、労働人口が減少する中で、単純作業に人手がかかっていた業界でも、コロナショックによって新しく生まれるＩＴサービスが進展することで、カバーできることが多くなっていくことは間違いない。

1-2 キャッシュフロー・マネジメントの「ニューノーマル」

「ニューノーマル」はどのようにしてやってくるのか？

前節では、「ウィズコロナ」の時代に「ニューノーマル」が訪れることについて解説したが、具体的にどのような形でそれは訪れるのだろうか。これに関しては、いくつかの形で訪れると思われる。本節では**キャッシュフロー・マネジメントの進展**について見ていこう。

キャッシュフロー・マネジメントとは、筆者独自の用語だが、「現金の出入りを正確に予測・把握し、適切に管理すること」と理解すればよい。危機の際は、「キャッシュ・イズ・キング（現金は王様）」とはよくいわれたものであるが、コロナショックはリーマンショックとは異なり、信用不安で起きた危機ではなく、実体経済に直接影響を与える危機であることから、危機が長引く可能性が高く、よりキャッシュの重要性が上がる。

では、キャッシュの重要性を理解したとして、企業が当面目指すべきは、どのような状態だろうか。それは、ネットキャッシュの状態、つまり**現預金から借入金を除いた金額がプラスになること**である。この状態であれば、借入金を気にせずに経営ができ、新規の借入をしたり、M&Aなどで企業を買収したりといった攻めの戦略も可能になる。

次に、ネットキャッシュを目指すとして、どのように現金を作り出せばよいだろうか。平時であれば、売上げを上げて利益を出すことが考えられるが、危機の際にマネジメントしやすいのは、売上面・入金面ではなく、**コスト面・出金面**である。

既にさまざまなコストダウン施策に取り組んでいるとは思うが、改めて見直してみると、コロナショック前までの好景気の中で、不必要な経費がかかっていないだろうか。特に間接費、間接部門のコストが高止まりしているケースが多い。いまだに高額な社内の電話回線や社用携帯の使用、使ってもいないITサービスの契約、十分に社員がいるにもかかわらず利用されている清掃サービス、コストダダ漏れで使用されているコピー機のカウンターチャージなど、このタイミングで見直したほうがよいことは多くある。「ウィズコロナ」でオフィス縮小も選択肢に入るだろう。

「デロイトトーマツグループが2020年4月9日に発表した「要員・人件費の生産性に関するベンチマーク調査」では、回答した248社の平均データで、間接部門の人員は2

012年から19年の間で1・2倍にまで増加しており、これは過去最高の数値だと指摘されている。余剰人員が出ている可能性も高く、間接部門は収益に直接つながらないことも多いため、配置転換なども検討する必要がある。

他にも、近年注目されている概念として、「**戦略総務**」という概念がある。戦略総務とは、さまざまな発注・納品を総務部門が担うことから、コストの見直し、コストマネジメントの実質的な実行担当として、総務にも戦略性を持たせるべきという考えである。

ただし、総務部門はどのような発注があるかは把握していたとしても、コストダウンなどの体系的な手法は身についていないことが多い。そこで、その部分については、当初、コストの見える化やコスト削減を得意とするコンサルタントに依頼し、徐々に社内にノウハウを蓄積していくのである。

「戦略総務」という概念は登場したタイミングが好景気期だったので今のところ広がっていないが、今後、「ウィズコロナ」の中では普及してくると筆者は考えている。

日本企業の内部留保は多すぎるのか？

ところで、日本企業は、リーマンショック以降、海外の著名な経営学者やエコノミスト、投資ファンドなどから「内部留保が多すぎる」という指摘（これは間違った指摘なのだが）をされてきた。

確かに、経済産業省経済産業政策局の「第1回 サステナブルな企業価値創造に向けた対話の実質化検討会」での発表資料によると、日本企業の総資産に占める現預金の比率は9・7％と、ヨーロッパ6・6％、アメリカ5・9％と比べれば高い。

しかしながら、実態を見てみると、内部留保が多いはずの日本企業は資金調達に翻弄されており、中小企業だけでなく大企業も大量の資金調達や融資枠（コミットメントライン）の設定を行っている。

これは、どのように理解すればよいだろうか。その答えは単純で、内部留保が多いといっても、返済予定額や1～2カ月以内に出入りするコストを差し引くと、すぐに使える現金はそこまで多くないということである。実は、あのトヨタですら、手元の現金は多いが、その分借入も多いため、すぐに自由にできるキャッシュという意味では2兆円程度しかない。トヨタの売上げは24兆円にのぼるから、単純計算で売上げが1カ月分、つまり10％減少すれば、資金的な余裕はなくなることになる。

表1は、各業界を代表するナンバーワン企業がどの程度現金を保有しているかを示したものである。シリコンウェハーや塩化ビニールなどでトップシェアを誇る信越化学工業や

表1　各社の手元資金状況

社名	決算時期	現預金（億円）	借入額（億円）	ネットキャッシュ（億円）	備考
トヨタ	2020年3月期第3四半期	52,467	209,051	−156,584	1兆円のコミットメントライン設定
ソニー	2020年3月期第3四半期	14,088	15,285	−1,197	3,000億円のコミットメントライン設定
キヤノン	2020年12月期第1四半期	4,399	5,496	−1,097	−
信越化学工業	2020年3月期第4四半期	8,364	1,594	6,770	−
日本電産	2020年3月期第4四半期	2,069	4,882	−2,813	−
ファーストリテイリング	2020年8月期第2四半期	11,843	4,752	7,091	−
リクルートホールディングス	2020年3月期第3四半期	3,926	1,492	2,434	5,000億円のコミットメントライン設定
日本航空（JAL）	2020年3月期第4四半期	3,291	1,882	1,409	累計1,000億円超の資金調達実施
ソフトバンク	2020年3月期第3四半期	38,047	172,335	−134,288	−
セブン＆アイ・ホールディングス	2020年2月期第4四半期	13,577	9,828	3,749	−

ファーストリテイリング、リクルートホールディングスなど、ネットキャッシュ状態の企業も存在するが、トヨタはネットデット（現預金から借入金を引いた値がマイナス）状態である（ただし、トヨタは子会社を含めてカーローンやクレジットカードなど金融事業も大きく、多額の金融債権を持っているため、これらを踏まえればプラス状態にはなる）。

トヨタよりもキャッシュポジションの高い企業は当然存在するが、ひとつの例として、日本企業は内部留保が高いから安全だとはならないことがわかるだろう。

他には、「日本企業はリーマンショック以降、自己資本比率を高めている企業が多いから安全ではないか」との指摘もよくされる。この点についても、前掲の経済産業省の資料において、日本の上場企業の2018年の自己資本比率は42・5％で、ヨーロッパ36・3％、アメリカ35・3％と大きく上回っていると示されている。

しかしながら、自己資本比率は安全性の指標とは呼ばれるものの、あくまで、自社の負債と自己資本の比率、つまり長期的な安全性について指摘しているだけで、急に必要なキャッシュを用意できるかどうか、キャッシュを生み出す力が強いかどうかを判断するための指標ではない。

長引く好景気の際は、確かにレバレッジをかけて事業を行うことも必要かもしれないが、欧米ほどレバレッジをかける経営が必要なのかを見直す機会でもある。

そして、「アフターコロナ」以降景気が安定するまでは、内部留保や自己資本比率にも増して、**キャッシュの量を重視すること**が「ニューノーマル」となるであろう。

1-3 ROE経営の「ニューノーマル」

ROE経営は「ニューノーマル」になり得ない!?

「ニューノーマルの」の2つ目は、**ROE経営の見直し**である。具体的には、キャッシュ・フローマネジメントが「ニューノーマル」となる一方で、ROEを重視した欧米流の経営については、しばらく議論するべきではないだろうか。

ROE経営とは自己資本利益率（純利益÷自己資本）を重視した経営スタイルのことで、日本でも経済産業省が2014年に提出した通称「伊藤レポート」の後、ROE経営を推進することが声高に指摘されてきた。

図4を見ていただきたい。確かに数字の面だけを見れば、日本企業の2018年のROEは9・4%であるのに対して、アメリカは18・4%、ヨーロッパは11・9%と、日本企業よりもはるかに高い水準にある。これはリーマンショック時においても変わらず、アメ

図４　ROEの推移（2008～2018年）単位：％

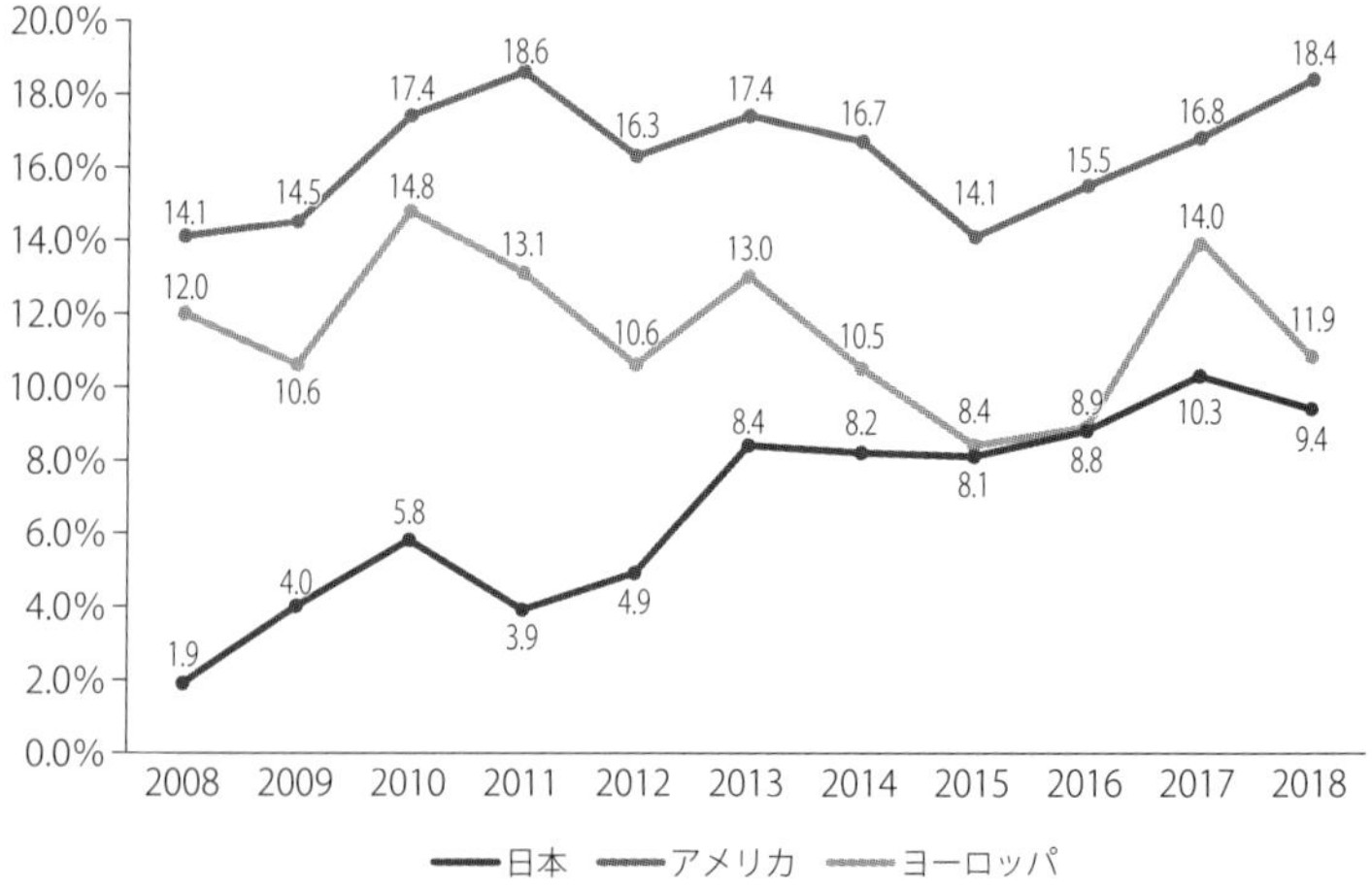

出典：経済産業省『第1回サステナブルな企業価値創造に向けた対話の実質化検討会　事務局説明資料』

リカ企業は14・1％のＲＯＥを出しているのに対して、日本企業は１・９％と低水準である。

ROEを上げるためには？

では、ＲＯＥを上げるためにはどうすればいいか。方向性としては、売上高利益率（ＲＯＳ）を上げるか、総資産回転率（ＴＡＴ）を上げるか、自己資本比率を下げるかのどれかとなる。この点について、総資産回転率は日本企業とアメリカ企業は２０１８年時点でほぼ同水準であり、ヨーロッパ企業よりもはるかに高い水準にある。そうすると、改善策としては売上高利益率を上げるか自己資本比率を下げるかとなるが、後者については前述のように、自己資本比率を上げるためには自社株買いを行う必要がある。「アフターコロナ」後しばらく落ち着くまでは、企業から多額の売上げにつながらない現金支出をすることは賢明ではない。

となると、売上高利益率を上げればよいことになるが、これも、アベノミクス以降日本企業の売上高利益率は改善傾向にあり、2015年、16年の数値は日本企業とヨーロッパ企業は同水準。直近の数値でもそこまで大きな差はない。したがって、結局のところ、自社株買いなどの株主還元策で自己資本比率を下げ、財務レバレッジを上げるしかROE経営を成功させる手はないことになる。

しかしながら、雇用調整が容易で転職10回が当たり前というアメリカとは、社会政策や雇用関係、ビジネスのインフラが異なっており、ROEというあくまで投資家が投資に値する企業かどうか見抜くためのひとつの指標において、企業が良い・悪いの議論を行うのは無意味である。したがって、ROE以外の**新たな経営の指標を構築すること**が、「アフターコロナ」の世界の「ニューノーマル」になるだろう。

これまでも危機の際は日本的経営が見直される傾向があった。海外の受け売りではなく、このタイミングで日本流の経営のメリットを、再度世界の投資家、政策立案者に説明すべきだろう。

1-4 コロナショックが日本企業のあり方を変えるか？

経営戦略レベルの見直しが不可欠

本節では、ここまでの内容を踏まえて、コロナショックは日本企業のあり方を変えるのかについて考察していきたい。

これについては既にさまざまな考察がなされているが、総じてコロナショックは**「日本企業の生産性」を再検討する機会であり、日本企業のあり方は変化する**と捉える視点が多い。筆者も、個別具体的なレベルでは、この考え方に賛成である。

日本企業は、これまで諸外国の企業と比べてマネジメントの分野において、固定観念に捉われて「できない」と取り組んでこなかったことが多い。たとえば、テレワークの推進やワーク・ライフ・バランス、女性・外国人の活用などである。これらはコロナショックによって、「オンライン商談」「ウェブセミナー（ウェビナー）」「オンライン株主総会」「A

I翻訳ツール」などが当たり前に普及したこと、自宅のオンライン設備が整いつつあることによって改善しつつある。またこれらに付随して、長時間通勤や紙・ハンコ文化が改善される方向に向かうことで、日本企業の生産性が上がるのではないかという考え方もある。

これらが指摘する、個々の経営課題レベルでは、コロナショックは日本企業を間違いなく変えるだろう。しかしながら、これはあくまで各論の話である。

IT化、キャッシュフロー・マネジメント、脱ROEなどの経営のマクロトレンドに沿うこと、そして本書で取り上げる具体的な経営戦略レベルの見直しをしなければ、個々の企業間の競争においては、今後も海外企業に勝つことはできない。

ジャパン・アズ・ナンバーワンははるか昔の話

ここで、表2の世界の時価総額ランキングを見ていただきたい。ジャパン・アズ・ナンバーワンの時代であった1989年の世界時価総額ランキングでは上位50社のうち、32社が日本企業であり、アメリカ企業は15社、中国企業は0であった。当時は高品質・低価格の戦略で世界を席巻した日本企業の時代であった。しかしながら、そこから失われた30年が始まる。2020年5月末の段階で、上位はアメリカのGAFA（Google、Apple、

1989年末	企業名	国　籍	時価総額（10億ドル）
1位	NTT	日本	163
2位	日本興業銀行	日本	71
3位	住友銀行	日本	69
4位	富士銀行	日本	67
5位	第一勧業銀行	日本	66
6位	IBM	アメリカ	64
7位	三菱銀行	日本	59
8位	エクソン	アメリカ	54
9位	東京電力	日本	54
10位	ロイヤル・ダッチ・シェル	イギリス	53
11位	トヨタ自動車	日本	54
12位	GE	アメリカ	49
13位	三和銀行	日本	49
14位	野村證券	日本	44
15位	新日本製薬	日本	41
16位	AT&T	アメリカ	38
17位	日立製作所	日本	35
18位	松下電器	日本	35
19位	フィリップ・モリス	アメリカ	32
20位	東芝	日本	30
21位	関西電力	日本	30
22位	日本長期信用銀行	日本	30
23位	東海銀行	日本	30
24位	三井銀行	日本	29
25位	メルク	アメリカ	27
26位	日産自動車	日本	26
27位	三菱重工業	日本	26
28位	デュポン	アメリカ	26
29位	GM	アメリカ	25
30位	三菱信託銀行	日本	24
31位	BT	イギリス	24
32位	ベル・サウス	アメリカ	24
33位	BP	イギリス	24
34位	フォード・モーター	アメリカ	23
35位	アモコ	アメリカ	22
36位	東京銀行	日本	22
37位	中部電力	日本	21
38位	住友信託銀行	日本	21
39位	コカ・コーラ	アメリカ	21
40位	ウォルマート	アメリカ	21
41位	三菱地所	日本	21
42位	川崎製鉄	日本	21
43位	モービル	アメリカ	21
44位	東京ガス	日本	21
45位	東京海上火災保険	日本	20
46位	NHK	日本	20
47位	アルコ	アメリカ	19
48位	日本電気	日本	19
49位	大和証券	日本	19
50位	旭硝子	日本	19

表2　世界の時価総額ランキング

2020年5月末	企業名	国　籍	時価総額(10億ドル)
1位	サウジアラムコ	サウジアラビア	1,744
2位	マイクロソフト	アメリカ	1,390
3位	アップル	アメリカ	1,378
4位	アマゾン・ドット・コム	アメリカ	1,218
5位	アルファベット	アメリカ	977
6位	フェイスブック	アメリカ	641
7位	アリババ・グループ・ホールディングス	中国	566
8位	テンセント・ホールディングス	中国	502
9位	バークシャー・ハサウェイ	アメリカ	451
10位	ジョンソン・エンド・ジョンソン	アメリカ	392
11位	ビザ	アメリカ	379
12位	ウォルマート	アメリカ	351
13位	ネスレ	スイス	317
14位	マスターカード	アメリカ	302
15位	ロシュ・ホールディング	スイス	299
16位	JPモルガン・チェース	アメリカ	297
17位	ユナイテッド・ヘルス・グループ	アメリカ	289
18位	プロクター・アンド・ギャンブル	アメリカ	287
19位	サムスン電子	韓国	278
20位	ホーム・デポ	アメリカ	267
21位	インテル	アメリカ	266
22位	中国工商銀行	中国	253
23位	台湾セミコンダクター・マニュファクチャリング	台湾	252
24位	ベライゾン・コミュニケーションズ	アメリカ	237
25位	中国建設銀行	中国	226
26位	AT&T	アメリカ	220
27位	エヌビディア	アメリカ	218
28位	ファイザー	アメリカ	212
29位	ウォルト・ディズニー	アメリカ	212
30位	LVMHモエ・ヘネシー・ルイ・ヴィトン	フランス	210
31位	バンク・オブ・アメリカ	アメリカ	209
32位	メルク	アメリカ	204
33位	シスコ・システムズ	アメリカ	202
34位	コカ・コーラ	アメリカ	200
35位	ノバルティス	スイス	196
36位	エクソン・モービル	アメリカ	192
37位	アドビ	アメリカ	186
38位	ネットフリックス	アメリカ	185
39位	ペプシコ	アメリカ	183
40位	ペイパル・ホールディングス	アメリカ	182
41位	コムキャスト	アメリカ	181
42位	トヨタ自動車	日本	177
43位	中国平安保険	中国	176
44位	シェブロン	アメリカ	171
45位	中国農業銀行	中国	170
46位	オラクル	アメリカ	170
47位	アボット・ラボラトリーズ	アメリカ	168
48位	ロレアル	フランス	164
49位	セールスフォース・ドットコム	アメリカ	156
50位	テスラ	アメリカ	155

Facebook、Amazon）を筆頭に、米中のＩＴ系企業が上位を席巻している。国別ではアメリカの企業がそのまま日本企業の地位を奪い35社、中国が６社、日本企業は42位のトヨタ自動車１社にすぎない。

具体的な企業を見てみると、コロナショックで急激に会員数を増やしたネットフリックスは時価総額ランキング46位で約17兆円。同社は１９９７年に設立されており、設立20年たらずで、日本企業の時価総額ランキングに当てはめるとＮＴＴドコモ（10兆円）よりも価値がある存在になった。他にも、パソコンやスマホ向けの半導体メーカーであり、近年は自動運転でも知名度を上げているエヌビディアは１９９３年に設立されたにもかかわらず、時価総額が約18兆円と、ネットフリックス同様、ほとんどの日本企業よりも時価総額が上である。

この30年の間で、日本企業はアメリカのＩＴ企業やグローバル企業、中国の国有系の企業、ＩＴ企業に抜かれてしまったのである。このまま、何もせずに「アフターコロナ」を迎えれば、この30年は40年、50年と年月を積み重ねていくことにしかならない。

ちなみに、１９８９年に上場していた日本企業の中で当時から現在までに時価総額が２倍以上となった企業は、トヨタ自動車、武田薬品、ファナック、デンソー、本田技研、ブリヂストンの６社にとどまる。１９９４年に上場し、日本の時価総額ランキング３位のソフトバンクを加えても10社にも満たない。それだけ日本企業の時価総額は向上していないのである。

日本企業は儲かっていない!?

何も失われたのは、時価総額だけの話ではない。神戸大学の三品和広教授は、『経営戦略を問いなおす』（筑摩書房）の中で、日本企業は、本業の収益性を示す営業利益率はバブル崩壊から２０１０年までの20年の間、ほとんど改善していない、つまり日本企業は儲かっていないと指摘する。

日本企業が「ウィズコロナ」で検討しなければならないのは、時価総額や企業の収益性を変化させるファクターである**経営戦略を「アフターコロナ」の時代にどう変えるべきなのか**、この１点である。したがって、本書もこの１点だけに絞って、これからの話を進めていきたい。

このまま政府の資金支援で多くの日本企業がコロナショックを乗り切ってしまった場合、日本企業の経営戦略はコロナショック前に逆戻りするのではないかという大きな懸念が筆者にはある。だからこそ、本書を手に取って、コロナショックを会社変革の契機として活用していただきたい。

リーマンショックから約10年、リーマンショック下から投資を進めてきた企業とそうでない企業との差は広がりつつあった。また、アベノミクスからベンチャー企業が多数生まれ、ユニコーン企業も誕生した。

しかしながら、コロナショックによって、この差はすべて消し飛んで、横一線の状態にまで戻ってきてしまった。そのため、これからナンバーワン企業を追いかける企業にとっては、コロナショックは千載一遇のチャンスともいえる。

逆に、このタイミングで何もアクションを起こさずに「アフターコロナ」を迎える企業は危険なことは前述の通りである。

1-5 「ニューエコノミー」は成立しない

よみがえる「ニューエコノミー」論

本章の最後に、雑誌や記事などで議論されている、「ニューエコノミー」なるものが成立するのか、について見ていきたい。

ニューエコノミーとは、ＩＴの活用により、在庫の循環が高速化されることで景気循環がなくなるという、まったく新しい経済形態のことである。

確かに、「ウィズコロナ」の世界でＩＴが今以上に普及すること、そして経済成長よりも安定的な経済運営を目指す動きが加速すれば、実現も難しくはないように思える。

実はニューエコノミー論は、古くは１９９０年代後半から２０００年までのＩＴバブルの頃からアメリカで盛んに議論されてきたことである。ＩＴバブル当時は、ＩＴという新しい概念が登場したことで、資本主義は新たなステージに入り、もう景気後退はない、ずっとアメリカ中心の時代が訪れるのだ、と元FRB議長のアラン・グリーンスパンなど著名な経済学者が提言していた。

一方で、ピーター・ドラッカーは『ネクスト・ソサエティ』（ダイヤモンド社）の中で、「ニューエコノミーなるものは誕生しない」と明確に否定した。なぜなら、ニューエコノミーが登場する前に、社会と組織が変化しなければならないと考えたからである。

ドラッカーの指摘では、ネクスト・ソサエティ（未来社会）が成立するための要素とは、①境界のない社会、②教育格差がなくなり、階級の上位移動が簡単な社会、③高度な競争社会、という3つの社会が訪れ、その結果、ニューエコノミーにたどり着く可能性があると考えたのである。

そして、ニューエコノミー論はITバブル崩壊とともに終焉し、再びコロナショックで生き返ってきたのである。

仮にドラッカーの指摘が正しいと考えれば、まだニューエコノミー論は世界中のどこでも条件を満たしておらず、到底訪れないだろう。多くの国は上位層と下位層、右と左、グローバル化とブロック経済主義など、分断型の社会へ逆走している感もある。

したがって、「ウィズコロナ」が終わり、「アフターコロナ」の世界へ入ったとしても、**「ニューエコノミー」が訪れることは当分ない**というのが筆者の私見である。

過度な悲観論も杞憂にすぎない

同様に、「資本主義は終わった。今後は社会主義の時代だ」「脱グローバリゼーション」などの、過度な悲観論も企業経営においては気にする必要はない。これらの議論はリーマンショック時にも各所でなされていたが、実際にどのように推移したかは、ご存知の通りだ。

したがって、「アフターコロナ」の世界に向けて、反グローバリゼーションやナショナリズムが急速に進んだり、資本主義が終わったりすることはそう簡単には起きないと考えてよい。この点については、ビル・ゲイツ氏も２０２０年4月24日の『タイムズ』のインタビューで「国家主義やナショナリズムは助けにならない」と指摘している。

ただし、トランプ大統領が再選された場合、アメリカの経済状況次第だが、再び中国への関税が再度強化されたり、日本への関税が再び要求されたりするといった事態も起きないとは限らない。したがって、中国からの輸出入を主としている企業や、アメリカへの輸出などをメインにしている企業については、トランプ大統領の施策次第で一時的なブロック経済のような体制が起きる可能性があることには注意したい。

第2章

「選択と集中」の罠

2-1 「ウィズコロナ」ではスピード感のある「選択と集中」が不可欠

「ウィズコロナ」の時代には「選択と集中」をするべきか？

第1章ではマクロの視点から、「ウィズコロナ」でどのような「ニューノーマル」が訪れるのかについて考察をしてきた。続く第2章以降では、具体的な経営戦略レベルで、これまでの日本企業の経営戦略を再点検しながら、「ウィズコロナ」の時代の経営戦略について具体的に見ていこう。

まず第2章では、**「選択と集中」**について取り扱う。「選択と集中」とは、少数の分野に自社の事業を絞り込み、そこに集中的に投資を行う経営戦略のことである。この「選択と集中」については、多分に誤解の多い経営戦略のため、後ほどその誤解や誤用については解いていきたいが、まずは「ウィズコロナ」の時代に「選択と集中」をするべきか否かを考えたい。

はじめに本章の結論を先に述べると、多角的な事業展開や多地域経営を行っている中で、成長率と収益率が大きく異なる事業を展開しているのであれば、キャッシュに余裕のない限り、今日からでも「選択と集中」をする準備をすべきである。

逆に、資金的に余裕がある――ひとつのイメージとして運転資金12カ月分程度の現金が借入や増資などで確保できる企業――ならば、このタイミングで無理に「選択と集中」をする必要はない。もし自社の本業が成長事業――目安として営業利益率が10％以上――であれば、他社の投資意欲が落ちている今こそ、その事業にまずは資金投入をしていくべきである。他にも、他社に余力がない今だからこそ、従業員満足度を向上させる施策を導入して、社内のモチベーションアップに努めていきたい。

選択と集中は何の目的で行うのか？

「選択と集中」の目的が赤字事業や収益性の低い事業から撤退することで資金繰りを改善することであるとすれば、たとえ一時的に売上げが下降したとしても、「選択と集中」を行うべく、M＆Aもしくは事業の撤退を早期に検討したほうがよい（撤退する場合にも店舗の居抜きやライセンス譲渡、資産譲渡などを含めて設備売却を検討する余地はある）。

なぜなら、売却までの時間、資金的な余裕とのバランス、そして、その事業がコロナショックによっても業績に変動を起こさないか、という3つの要素が絡み合っているためである。

仮に資金的な余裕がなく、「選択と集中」を検討する事業の先行きが不透明になっているか、昨年度より大きく減収見込みであったとする。その際に、売却までの期間が4カ月かかるとしたらどうか。悩んでいる期間が長ければ長いほど、資金を手当するまでの期間が長くなる。運よくその間に借入ができれば金利分の損が発生するだけなのでまだよいが、もし借入ができなければ、倒産のリスクが格段に上がってしまう。

したがって、**スピード感のある「選択と集中」が「ウィズコロナ」の世界では最良の選択肢になる**のである。

M&Aで売却ができるケース

では、どのように「選択と集中」を進めればよいか。具体的に見ていこう。

まずは、M&Aで売却ができるケースを検討する。M&Aによる売却を検討する際、大手の証券会社や外資系の投資銀行へのアプローチが可能な企業であれば心配ないが、そうしたことができない中小企業などであれば、銀行や税理士に「資金確保のために事業のM&Aを検討しています」と説明に行っても、「M&Aはリスクがありますよ」「売却までに時間がかかりますよ」などと言われ、二の足を踏まされることが多いだろう。

しかしながら、このような指摘をされてもあっさり引き下がらず、事業売却の経験者や各種M&Aの専門業者に相談したほうがよい。多くのM&A専門業者では、初回の相談料は無料であることが多いので、まずは自社の事業について（子会社が売れるかも含めて）、話をしてみるとよいだろう。

時間がかかるというのもケース・バイ・ケースで、かつて私が関わった案件でも、3週間で売却が決まった案件もあれば、売却までに1年かかった案件もある。業界や規模感、利益水準などによって異なるから、まずは悩まず相談されたい。

M&Aを行うために準備すべきもの

M&Aを検討する際には、3年分の税務申告書（勘定科目明細書付き）と事業が事業部となっている場合には、事業別の月次損益計算書を3年分（電子データが好まれることが多い）、直近の試算表を用意するところから始めてほしい。

それらを手に入れるために税理士や経理部門に問い合わせる必要があるときには、情報漏洩を避けるために、最初は「M&Aをしたい」と相談するのではなく、「コロナショックに耐えるために全面的に予算を見直したい」などともっともらしい理由をつけて請求するのがよい。他にもM&A検討時に必要とされる資料を表3に挙げたので、参考にしてほしい。

特にコロナショックの今、特に重要なのは月次試算表と資金繰り表、そして借入残高一覧（返済予定表）である。買い手がこのタイミングで特に不安となるのは、M&Aの契約交渉直前、もしくは契約直後に倒産したり、手形の不渡りが出たりしないかといった財務面である。借入がある企業なら資金繰り表や借入残高一覧などがないことは少ないと思われるが、この3点については、もし手元にない場合はすぐに入手してほしい。

ここで1点気を付けたいのは、M&A業界には明確な法規制がないため、ブローカーが存在することである。特に大手企業の役員出身者や銀行出身者、地元の元議員などの出身者に多いといわれている。M&Aの相談をする際は、そうした人ではなく、長年にわたる十分な実績がある企業に相談してほしい。

表3　初期的なM＆Aの検討に必要な資料

企業概要・許認可	会社案内、事業パンフレット	不動産	賃貸借契約書
	定款		不動産登記簿謄本
	登記簿謄本（履歴事項全部証明書）	組織	組織図
	許認可、届出		社員名簿
	株主名簿（後日でも可）		給料台帳
決算資料	税務申告書（勘定科目内訳明細）3期分	その他	借入残高一覧（返済予定表）
	法人税・住民税・事業税・消費税申告書　3期分		リース契約書
	月次試算表（進行期分）		取引先基本契約書（ない場合は発注書など）
	資金繰り表（実績および予定）		連帯保証人明細表（契約がある場合）
	事業別月次損益推移		生産・販売委託契約書（ある場合）
	売上内訳（商品もしくは顧客別）		取締役会議事録
	仕入内訳（商品もしくは取引先別）		株主総会議事録
	事業計画（後日でも可）		株主間契約書（ある場合）

M&Aが難しい場合

では、売上げが小さい、店舗が1つのみ、赤字が多額などの理由でM&Aが難しい場合にはどうしたらよいだろうか。この場合にも、M&Aに類似する方法をまずは検討してから、完全な事業撤退を検討したほうが、資金的にはメリットがある。

具体的には、**ウェブサービスを中心に活用する**とよい。たとえば、「TRANBI（トランビ）」は、カフェ1店舗や英会話教室、ウェブサイト1個など、小規模店舗・事業の売買が盛んなマッチングサービスである。

表4　M＆Aのマッチングサービス一覧

サービス名	企業名	特　徴
TRANBI	株式会社トランビ	・店舗や小規模事業、Webサイトの売買など小規模事業の売買でトップ ・多数の金融機関と提携
Batonz	株式会社バトンズ	中小企業のM&Aの第一人者である日本M&Aセンターの子会社であるバトンズが運営
フースタM&A	インググロウ株式会社	・飲食店向けのサービスを幅広く手掛けるイングロウ社が提供 ・飲食店の売買に強みがある
サイトストック	株式会社サイトストック	・Webサイトの売買が得意 ・着手金不要で完全成果報酬制のため利用しやすい
ビズリーチ・サクシード	ビジョナル・インキュベーション株式会社	・転職者マッチングサービスとして有名な「ビズリーチ」を手掛けるビジョナル社が子会社のビジョナル・インキュベーションにて運営 ・大企業から店舗まで利用可能

したがって、M＆Aといった大規模なものでなくても売買が可能であるし、負債については自社で背負い、社員や事業資産などを売却して、資金回収を図る交渉もできるだろう。

他にも、TRANBI同様、小規模事業に強く、日本M＆Aセンターが運営している「Batonz（バトンズ）」も同時に検討する価値はある。加えて、飲食業界やブライダル業界に特化した「フースタM＆A」、ウェブサイトの売買に特化した「サイトストック」など、さまざまなサービスが世の中に広がってきている。M＆Aを考えている業界に強いサービスを検討するとよいだろう。表4に各サービスをまとめたので、各自で確認してほしい。

2-2 「選択と集中」をするべきは本業ではなく、成長市場

「選択と集中」は本業維持の戦略ではない

前節では、具体的にどのように「選択と集中」を行えばよいのかについて、各論での議論を進めてきたが、間違った「選択と集中」を行うと、「ウィズコロナ」で生き残ったとしても、「アフターコロナ」で勝ち抜くための会社の幹がなくなってしまうことになりかねない。そして、日本企業には「選択と集中」の誤った理解が蔓延している。本節では、「アフターコロナ」を見据えた上で、少し経営戦略全般について話をしていくことにする。

最も重要なポイントは、**「選択と集中」は今後の成長性と収益性が高い事業で行うべきであり、本業維持の戦略ではないこと**である。

そもそも、「選択と集中」という概念はどこからやってきたのか。その答えは、経営戦略を勉強したことがある人であれば一度は目にしたことがあるであろう、「金のなる木」

図5　PPM（プロダクト・ポートフォリオ・マネジメント）

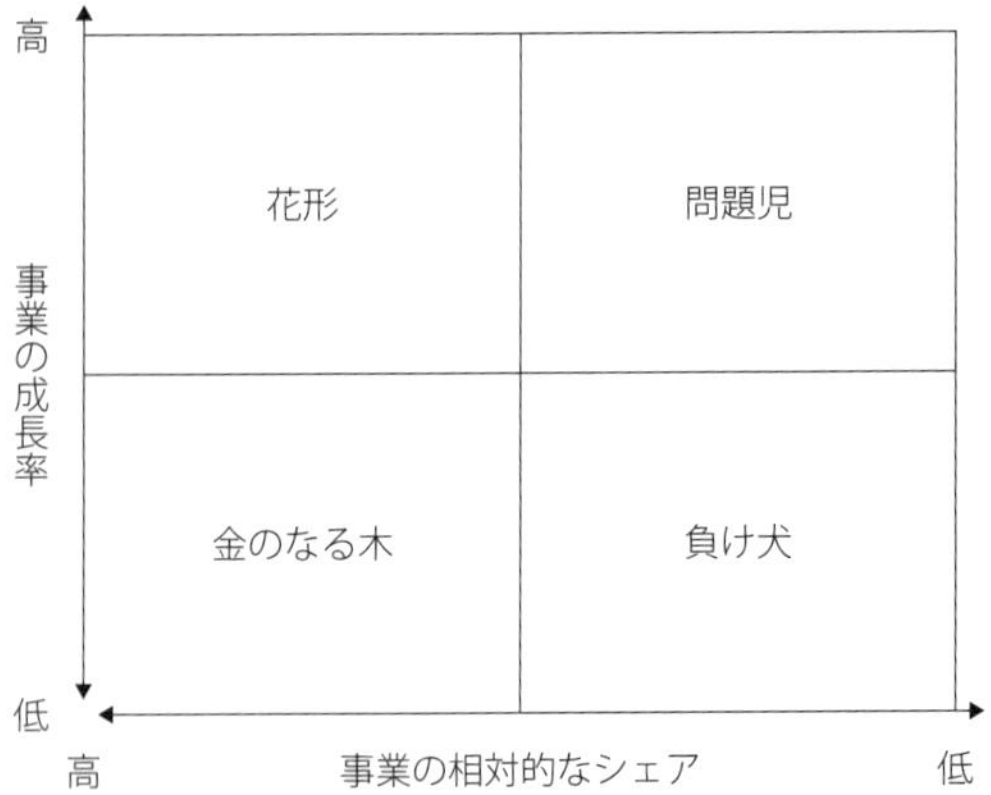

でおなじみの「PPM（プロダクト・ポートフォリオ・マネジメント）」から生まれた、一連の多角化戦略である。ここから少し抽象的な議論に入るが、しばらくお付き合いいただきたい。

PPMとは、1969年にBCG（ボストン・コンサルティング・グループ）が提唱した、多角化事業のマネジメント手法である。図5を見ていただきたい。横軸に「事業の相対的なシェア」、縦軸に「事業の成長率」を取る。それぞれを高低で分類することで、4つのマスができる。そこに自社の事業を当てはめることで、それが現在どのフェーズにあるのかが簡単にわかるのがPPM分類である。

すなわち、相対的にシェアが高い、つま

り収益性が高く、市場の成長率が低い、つまり投資の必要がない「金のなる木」で生まれるキャッシュを、シェアが高く収益性は高いが、成長率が高いため追加投資が必要な「花形」へ積極的に投資し、成長率が高くシェアが低いため大きな投資が必要な「問題児」には選択的に投資する。そして、「負け犬」からは撤退せよというのが、ＰＰＭの教えである。紙幅の都合上、これ以上は詳細に解説する余裕がないため、興味がある方は波頭亮氏の『戦略策定概論』（産能大出版部）などの書籍を参照してほしい。

ＰＰＭの問題とＧＥの解決策

ＰＰＭについては、これまでさまざまな批判がなされてきた。たとえば、シェアが高い、低いという判断は自社で自由にできるため、恣意的な判断がなされやすいという批判である。他にも、あるタイミングで負け犬事業だったものが、長期的には成長事業になる可能性があるため、安易な撤退は会社全体の次の成長を阻害する可能性があること、といった批判もよく知られている。

けれども、これらはいずれも誤解にすぎない。これらの誤解・誤用のきっかけを作ったのはＧＥである。１９８１年にＧＥのトップとなったジャック・ウェルチ元会長が86年に提唱したのが「自社がナンバーワンかナンバーツーになり得ない事業からは撤退する」戦略である。当時、GEには100以上の事業体があり、売上げは伸び続けているものの、収益性は芳しくなかった。そこで彼は、大々的な事業再編へと大鉈《おおなた》を振るったのである。

この戦略のポイントは、「自社がナンバーワンかナンバーツーになり得ない事業」と言っているのであって、何も「本業以外からは撤退せよ。本業集中だ」と言っているわけではないことである。「将来的に勝つ可能性が少ない事業に投資をしても生き残れない。それなら、他の事業を作るか買収するほうが効率的だ」と言ったまでである。

そもそも、GEの本業はさまざまな変遷をたどっている。同社は、もともとはトーマス・エジソンが作り上げた電球メーカーであるが、家電事業を中心に、リース業やテレビ放送事業を長らく行っており、ジャック・ウェルチ本人は傍流だったプラスチック事業を成功させてトップまで登りつめた人物である。

さらに、ジャック・ウェルチは「リストラ王」「企業の破壊者」といわれることもあるが、それも間違いである。彼は71の事業を売却もしくは撤退した一方で、118の新規事業やジョイント・ベンチャー、M&Aを行い、次の新規事業の種をまいてきたからである。

では、いつから日本企業がよく知る「選択と集中」という概念が広がったのか。それは、GEが事業仕分けを行っていた当時、日本に外資系のコンサルティングファームが参入したときである。当時の日本はバブル崩壊によって、多くの企業が不採算で誰も管理をしていないような事業から撤退する必要があった。そこで、さまざまなコンサルティングファーム、書籍、新聞などがＰＰＭとジャック・ウェルチの手法を「選択と集中」という最先端の戦略と広めたことによって、誤解と誤用が起こったのである。

そして、この誤解と誤用に加えて、「選択と集中」を決定づけたのが、コア・コンピタンス理論である。自社の中核となる技術やノウハウを中心に経営戦略を展開すべきというコア・コンピタンス理論自体は、経営戦略論の中でも著名であるし、間違った理論ではない。しかし、日本企業に広がったタイミングがジャック・ウェルチの戦略を真似し、日本企業がバブル崩壊と多角化のツケを返していたときであったため、タイミングが悪かった。その結果、自社のコア・コンピタンスにつながらない事業はすべて捨ててしまうことになり、ここでも間違った「選択と集中」が広がるきっかけとなってしまった。

本来は、多角化企業の事業を収益性と成長性から仕分けし、次の積極的な投資先、事業の芽を見つけるためのＰＰＭと、その後のジャック・ウェルチの経営戦略、そして自社の中核となる経営資源を中核にせよというコア・コンピタンス理論が日本企業の不採算事業の撤退方針として使われてしまったところから、「選択と集中」に関する誤解と誤用が進んでしまったのである。

「選択と集中」の失敗例：シャープ

誤解・誤用の最たる例は、シャープだろう。

シャープは、もともとは白物家電から、電卓、電子辞書にいたるまで、多くの電器製品を扱っていたが、自社の液晶テレビの収益性が高いとみるや、亀山に巨大な工場を設立することで、サプライヤーを工場の専用スペースに集約するなど、液晶パネルに事業を集中し、そこにすべての経営資源を投下してしまったのである。その結果は既にご存知の通りだ。液晶パネルの価格下落と液晶テレビの急速な価格下落によって経営不振に陥り、台湾の鴻海《ほんはい》グループの傘下となってしまった。

では、どのように「選択と集中」を行うべきなのか。それは、自社の本業か非本業か、という区切りではなく、ジャック・ウェルチが提唱したように、**自社の中長期的な本業、主力事業になり得る事業を選択し、収益性や成長性の低い事業はいったん投資を控えるか売却をして、集中的な投資を行う**のが、本来的な「選択と集中」になる。たとえば、シャープであれば2007年から10年の決算を見ると、太陽電池や健康・医療機器が大きく成長し始めており、ここに注力すべきであった。

もちろん、本節の冒頭で指摘したように、資金的な余力のある企業はこの点を考慮せず、むしろ次の事業転換のために買収側に回ったほうが効果的であることはいうまでもない。

これについて典型的な例がアリババグループである。同社は、SARSの影響で業績が悪かった2003年に、主要サービスであるアリババへの投資はせず、今後個人のオンライン消費が増加すると見越して、オンラインモールであるタオバオへの投資へと舵を切った。これが現在の同社の成功につながっている。

2-3 「ウィズコロナ」でドラスティックな業態転換を成し遂げる方法

本業の事業立地を入れ替える

ここまで、「ウィズコロナ」のタイミングでどのように「正しく」、「選択と集中」を行うべきなのかについて述べてきた。この議論はあくまで、現在の事業をどう整理するかという〝点〟の話だ。

本章の最後として、先に例を挙げたGEのような事業転換をどのように行うべきなのか。つまり、**戦略の時間的展開である〝面〟の展開**について解説する。

日本で事業転換についての研究を行っている数少ない学者の一人である神戸大学の三品和広教授が本業を転換する「転地」という理論を提唱している。この「転地」という概念は、後述する「メタモルフォーゼ（変態）」という概念に類似しており、押さえておきたい概念である。

三品教授は、経営戦略の中で最も実用性が低いが、中長期的な収益性に影響を与えるものが「転地」、つまり**本業の事業立地を入れ替えることである**と述べている。実際に、日本企業の中長期的な財務データを分析した結果、収益性も成長性も低い本業をいまだ捨てられず、転地が行えていない企業が多いために、日本企業は欧米企業に比べて収益性が低いのだと、２００７年に出版した『経営不全の因果』（東洋経済新報社）の中で指摘している。

「転地」の代表的成功例：イビデン

三品教授が「転地」の成功例として挙げている企業として、イビデンや日立金属などがある。

イビデンは１９１２年に岐阜県で設立された企業である。同社は揖斐川《いびがわ》電力株式会社として、電気供給事業とカーバイド事業、メラミン樹脂事業を展開。しかし、関東大震災や世界恐慌によって業績が悪化し、１９２６年には東邦電力（現：中部電力）の傘下となった。その後、日中戦時中の電力国家管理政策によりいくつかの電力事業からの撤退を余儀なくされ、電力設備を売却し、電気化学メーカーへと事業転換が必要となった。

しかし、イビデンは世の中の変化を捉えた。探照灯用のカーバイドの需要がなくなると映画用のカーバイドへ、映画用のカーバイドとメラミン樹脂がなくなると、全国的な住宅需要に合わせて建材用のメラミンボードへ、そして現在の主力事業となるプリント配線板やセラミック事業へと、次々と成長する事業に本業を転換させていくことに成功していく。

イビデンは本業が縮小していく中でも、時に本業を売却しながら、自社の周辺領域へと投資軸を変えながら、業態転換を成し遂げた。これは、「ウィズコロナ」で本業が傾きかけている企業の業態転換のヒントにもなる。業態転換の種類でも、「**市場対応型**」とでもいえよう。

ちなみに、イビデンのホームページでは多賀潤一郎最高顧問のメッセージとして、ダーウィンの進化論が掲載されている。市場環境が悪化しながらも、業態転換を積極的に行うことで生き残ってきたイビデンの戦略は、後述するメタモルフォーゼ型の事業展開にもつながるひとつの例である。

日立金属の「未来創造型」の業態転換

日立金属も大きなターニングポイントで優れた選択をした企業である。しかし、その内容はイビデンの「市場対応型」とは大きく異なる。

日立金属がターニングポイントを迎えたのは、当時本業で成長性が安定しており収益性も高く花形であった特殊鋼事業にさらに投資をするか、市場が立ち上がり始めた自動車向け鋳物《いもの》（アルミホイールやサスペンションなど）事業へと舵を切るべきか選択を迫られたときである。そこで当時の社長である中村隆一氏が、今後伸び盛りになるが、まだ勝ちパターンも確立されていない自動車向け事業へと大胆に業態転換を図ったのである。これが、現在の日立金属の主軸になっている。

このように、伸びゆく本業を捨ててでも、新たな事業へと舵を切る、「**未来創造型**」ともいえる業態転換は実は少なくない。

例を挙げれば、薄利多売だった三越などの百貨店向けのB2B事業や国鉄向けの路線トラック事業から、海外事例をもとに個人向けの宅急便へと転換して成功を収めたヤマト運輸も「未来創造型」のひとつである。

他にも、競合のコダックが倒産する中で、自社が生み出したフィルム現像店のチャネルから徹底してデジタル化を推進させた富士フイルムも「未来創造型」であるといえよう。現在富士フイルムはデジタル化で培った技術をもとに、高機能化粧品やアビガンで著名となった医薬品事業を展開している。

ＧＥの本業も、もともとは家電事業だと述べたが、今では家電事業は中国企業に売却しており、現在は最先端の医療機器企業となっている。また、富士通は２０１７年の主力事業であるＰＣ事業をLenovoに売却し、その資金を次の成長分野であるＩＴ分野へ投資している。

このように日本企業の中には、「未来創造型」の事業展開を「選択と集中」とあわせて行うことで成功している企業が多いのである。

読者の業界で検討すべきパターンを解き明かす

少し長くなったが、「ウィズコロナ」の世界において、読者の本業が盤石なのか、そうではないのか、周辺に伸びゆく市場があるのか、ないのかという状況によって、「市場対応型」か「未来創造型」どちらに業態転換を図るべきかが決まってくる。

仮にイビデンのように本業が縮小しており、自社に何らかの得意な技術やノウハウがあれば、それを活かして、周りの事業を新規事業として創造し、業態転換に進んでいくことが賢明である。その際に、Ｂ２ＢからＢ２Ｃ、「プロ向け」から「個人向け」など、**これまでにないユーザーを創造すること**ができれば、大きな市場を獲得できる可能性がある。

その際の資金は、崩れゆく本業を売却するというドラスティックな手法もあれば、一部の技術や製品をクロスライセンス契約やOEMなどで外部に公開する、技術は自社に残したまま、サービスの売上げとコストは外部に移管するなど、いくつかの手法が考えられる。これらを駆使してキャッシュを生み出し、「選択と集中」を行いながら、業態転換も同時に果たしていくことが「アフターコロナ」以降の成長を見据えると必要になるだろう。

一方で、本業は安定している中で、目の前に、より成長性や収益性が高い市場があり、投資をしたいが、コロナショックによる資金面の問題から二の足を踏んでいる「未来創造型」に該当する企業も多いだろう。

そのような企業は、借入などで資金調達をしながら新しい市場にもチャレンジできればよいが、それができない場合は、日立金属やヤマト運輸、富士フイルムの例を見習い、「ウィズコロナ」の末期で一気に本業を売却して手放す一方で、次の事業はM&Aで必要な技術やノウハウなどを補完しながら展開するGE流の選択肢があることは前述の通りである。

何より、本業や主力になる事業には、一定の売上規模や収益性がある。そうなれば、売却すれば一定の資金を得られる可能性が高い。時が経ち、万が一、本業が傾いてからでは満足のいく値段もつかなくなる。その前に、資金力のある企業や投資ファンドに売却する戦略は合理的だ。

図６　戦略転換の４つのパターン

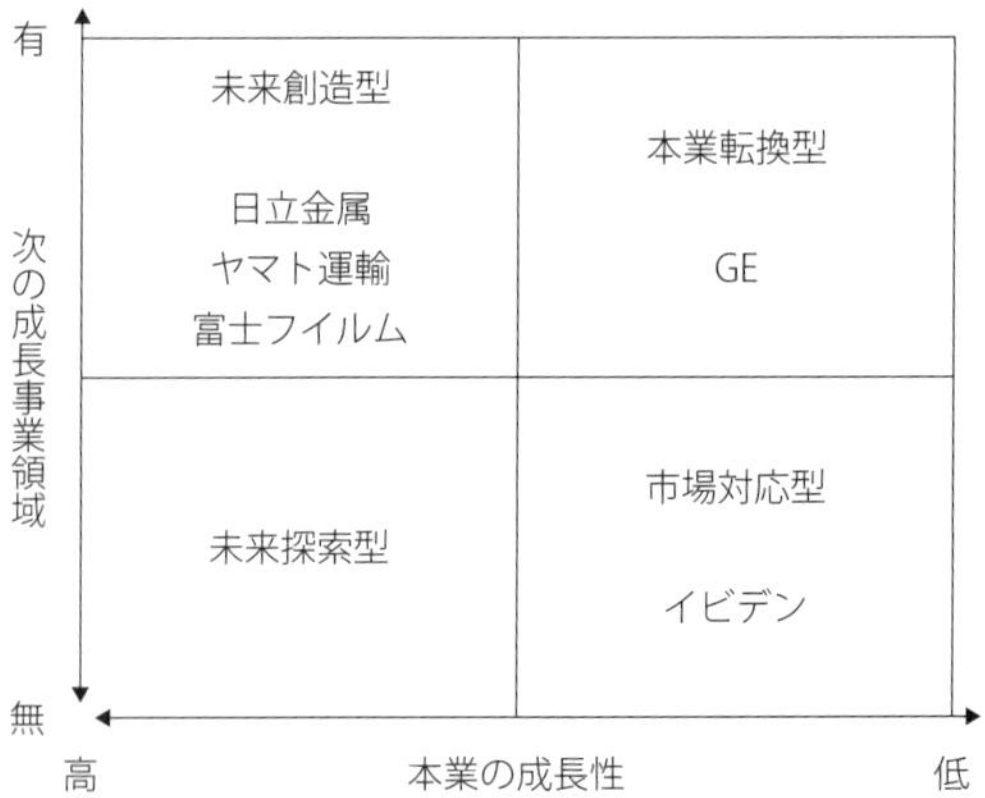

以上のように、読者の置かれた立場によって「市場対応型」か「未来創造型」か、どちらかの業態転換のパターンを選び、そして「選択と集中」を狙う必要がある。図6にパターンを整理したので、自社がどのパターンに当てはまるか考えてみてほしい。

「本業転換型」と「未来探索型」も存在する

他にも、当てはまる企業は少ないと思われるが、次の2つのパターンがある。

ひとつは「市場対応型」に類似し、既に目の前に次の事業が見えているが、そこに飛び込む勇気が持てていない場合にまれに起きる、「本業転換型」である。この場合は、本業の収益性がさらに下がる前に、迷わず次の事業へと乗り換えるべきである。三品教授の言い方にならえば、早期に沈むべき立地を捨て、「転地」すべきである。このパターンには、家電から金融と医療系機器へと本業を転換した現在のGEが該当する。

もうひとつのパターンは、本業の成長性は高いが、まだ次の成長領域を見つけられていない「未来探索型」である。この場合は、昨今日本でも注目されてきた「両利きの経営」を経営戦略に応用するのがよいだろう。「両利きの経営」を経営戦略に転用するとは、本業の事業をさらに深化（exploit）して収益性を高める戦略を行いながら、次の事業を探索（exploration）する二兎を追う戦略を採る戦略展開のことである（なお、「両利きの経営」については第9章で詳しく説明する）。

これら4つのパターンを自社に当てはめながら、自社の今後の成長分野について検討していくことで、「ウィズコロナ」の生き抜き方とともに、「アフターコロナ」で飛躍する土台を作ることができるであろう。

第3章

今、「イノベーション」に投資をすべきか？

3-1 イノベーションだけが正義か?

イノベーションは短期では成功しない

第2章では「選択と集中」の誤解・誤用を解きながら、どのような戦略展開を行うべきかについて、主に2つのパターンを説明してきた。では、近年日本企業が最も注力してきたともいえる**イノベーション活動はどのようにすればよいか**、が本章のテーマである。

消費が落ち込む「7割経済」の中で、短期的には収益を生みづらいイノベーションに取り組むべきか、それともいったんはイノベーション活動への投資を抑えるべきか、悩んでいる経営者も多いだろう。本章ではこの問題について、いくつかの指針を提示する。

まず現実論として、**イノベーションは短期で成功するものではないこと**を頭に入れてほしい。たとえば、パイロットの人気商品であるフリクションボールは2005年に発売されるまで実に30年もの開発期間を要している。

表5　プロダクト・イノベーションの成功確率（2015〜2017年）

	全企業	小規模企業	中規模企業	大規模企業	製造業	サービス業
	505,917社	410,565社	78,879社	16,473社	116,831社	299,867社
イノベーション活動実行企業率	38%	36%	47%	60%	47%	37%
研究開発活動実行企業率	8%	7%	11%	22%	14%	6%
ビジネス・プロセス・イノベーション実現企業率	31%	29%	38%	47%	35%	30%
市場新規プロダクト・イノベーション実現企業率	7%	6%	7%	13%	11%	5%

※「小規模」は従業員10人以上49人以下、「中規模」は同50人以上249人以下、「大規模」は同250人以上
出典：科学技術・学術政策研究所『全国イノベーション調査　2018年調査統計報告』

ひとつ非常に興味深い統計がある。表5を見ていただきたい。科学技術・学術政策研究所が行った『全国イノベーション調査　2018年調査統計報告』である。これは、イノベーションの成功要因とその成功率を調査した統計である。

この統計によると、2015年から17年までの3年間に10名以上の従業員がいる50万5917社のうち、38％に当たる19万4197社がイノベーション活動を行っている。そのうち業務改善などのビジネス・プロセスのイノベーションを成し遂げた企業は15万5275社と高い水準にあったが、新規市場を開拓するような新しい製品イノベーション、この統計がいうところの市場新規プロダクト・イノベーションを実現できた企業は50万社のうち、わずか7％の3万5414社である。何らかのイノベーション活動を行った19万4197社を母数としても、成功率は18・2％にすぎない。

新しいイノベーションを起こす難しさ

さらに面白いデータがある。この市場新規プロダクト・イノベーションは、大規模企業だから非常に有利かといえばそうでもない。確かに大規模企業の実現率は13％と全体の割合よりも高いものの、群を抜いて高いわけではない。大規模企業の研究開発活動の実行率は22％と、全体の8％に対して3倍近いイノベーションに向けた活動を行っているにもかかわらず、大規模企業だから市場新規プロダクト・イノベーションを起こしやすいわけではないことが見て取れる。

また、製造業の市場新規プロダクト・イノベーションの実現率は11％、サービス業は5％となっており、サービス業がイノベーションを起こすことがいかに難しいかがわかる。

つまり、新しい市場を開拓するようなイノベーションを起こすことは統計的にも非常に確率が低く、さらにいえば資金力や人的リソースがあればうまくいくわけでもない。しかもこのデータは、3年間という短い期間で成し遂げられたか否かのデータである。したがって、もし「ウィズコロナ」の時代が1～2年続いたとしても、自社の競合が新規市場を開拓するような新しいイノベーションを起こす確率は3～4％前後ということになる。

したがって、現在新規市場を開拓する新しいイノベーションや研究開発にさらなる投資をするべきか否か悩んでいるのなら、しばらくの間はそうした活動を止めてしまっても問題はないことになる。

一方で、ビジネス・プロセス・イノベーションに分類されるいわゆる「改善活動」は大規模企業の47%に対して、小規模企業では29%、中規模企業では38%しか成功しておらず、大規模企業に水を空けられている。この結果から、「ウィズコロナ」において中規模企業が行うべき活動は、**大きなイノベーションを狙うのではなく、粛々と改善活動を行うべき**ことがわかる。

アメリカ型イノベーションと日本型イノベーション

「イノベーション」といわれて多くの人がイメージするのは、「スティーブ・ジョブズ」時代のアップルであろう。iPod、iPhone、iPadと6年間の間に、3つのまったく異なるイノベーションを成し遂げた。これは3年で5%しか成功しないといわれるサービス業のイノベーションの中では桁外れの数字である。

他にも、グーグルが生み出した「グーグル検索」も、「ページランク」という独自の手法でホームページを評価することでユーザーにとって使いやすいサービスを生み出したし、ジーメールやグーグルドライブなど新しいイノベーションを数々誕生させている。ツイッターやインスタグラムなどもイノベーションの典型例だろう。

しかし、そうした企業の成功の裏では、当然のことながら多くの企業の屍《しかばね》の山がある。アメリカのイノベーションは、ベンチャー企業が死屍累々《ししるいるい》の中で新しいイノベーションを生み出す多産多死型のモデルであり、その中で生き残ったベンチャー企業を大企業が買い取るのが一般的である。近年日本企業にもM&Aは根差し始めてはいるものの、この社会システム全体を丸ごと日本に移植してくることは難しいだろう。そうであるならば、「ウィズコロナ」で思い切った動きが取りにくい今だからこそ、**日本流のやり方でイノベーションのあり方を再考するべき**である。

参考までに、隣の国である中国は、人口のパワーも使いながら、昔の日本企業のようにアメリカの最先端の技術を、多額の投資と政府の後押し、そしてよく働く優秀な人材を使いながら、より早く、より大きく展開するイノベーションのモデルを作り上げた。

これは本来、日本企業が高度経済成長からバブルの時代まで得意としてきたモデルをそのまま用いたもので、何も新しいものではない。

日本企業はこの古き良き時代のモデルを再度用いるのか、社会全体のシステムを見直し、アメリカ型へ移行するのか、それとも別のイノベーションのシステムを作り上げるのか、今後議論していく必要がある。

トヨタの言わないイノベーション

本節の最後に、「**トヨタの言わないイノベーション**」という考え方を紹介しておこう。この考え方は、明治学院大学講師の岩尾俊兵氏が2019年に出版した『イノベーションを生む〝改善〟』（有斐閣）を読んで思い浮かんだものである。

同書の中に、岩尾氏がトヨタの高岡工場を訪れた際のエピソードが紹介されている。高岡工場は、自動走行ロボットを活用した近未来型の施設として、製造工程のプロセスを新しいものに置き換え、変革を達成している。ところが、トヨタではこのような活動を先の統計でいう「ビジネス・プロセス・イノベーション」とは呼ばず、カイゼン活動のひとつとしている。

岩尾氏は、このようなトヨタのカイゼン活動は、原価改善という収益に影響するだけでなく、その活動自体が製品開発期間の短縮や知識の習得、そしてサプライヤー間での組織学習を通じて、サプライチェーン全体の競争力強化につながると指摘している。最終的に

図7　トヨタ自動車における原価改善効果の推移（単位：億円）

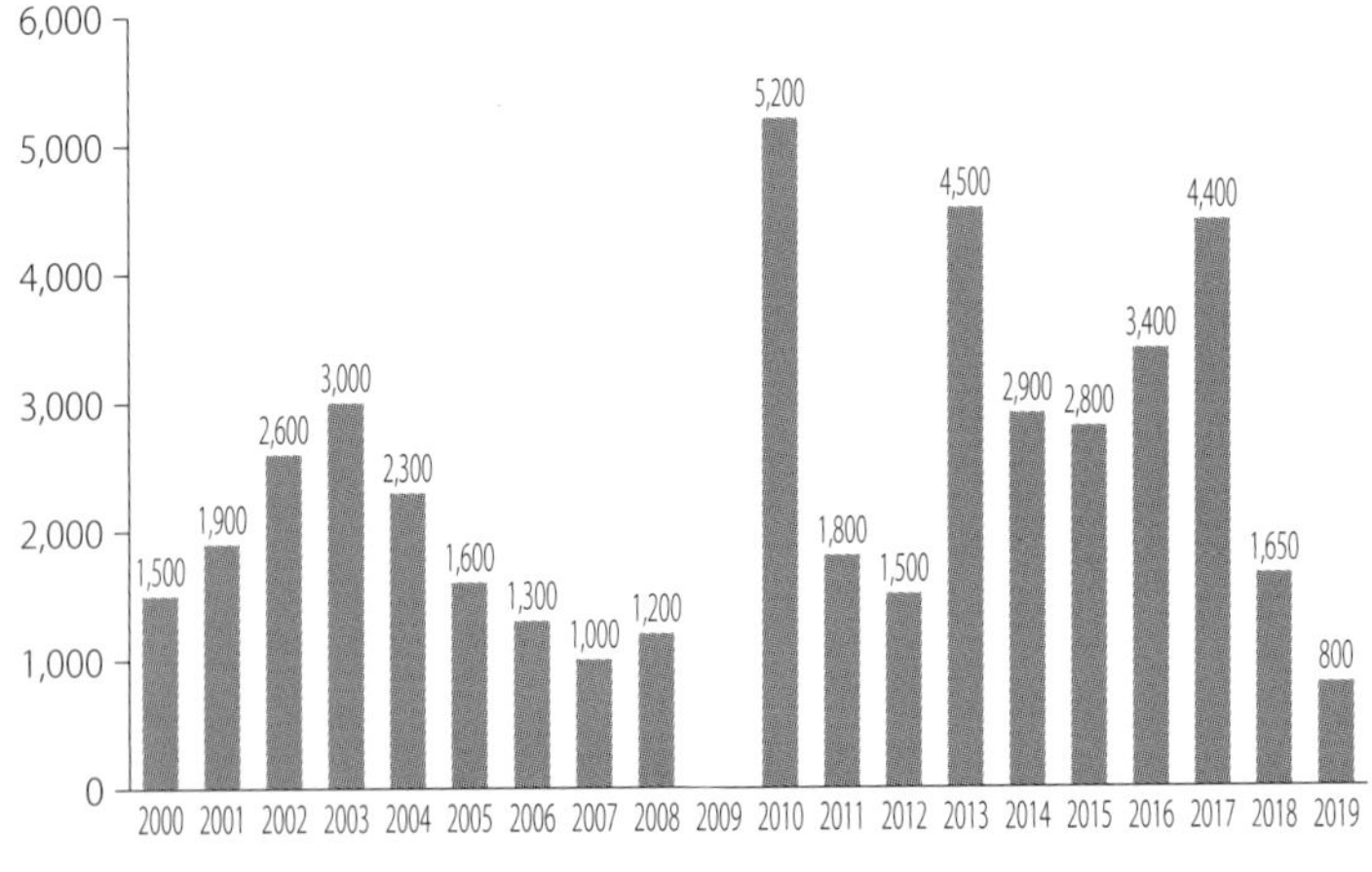

注：2009年は非開示
出典：岩尾俊兵『イノベーションを生む"改善"』（有斐閣）

は、市場新規プロダクト・イノベーションを起こすためのステークホルダーの巻き込みにつながり、さまざまなアイデア、イノベーションが生まれるとしている。

現在トヨタでは、豊田章男社長自らが先頭に立って変革をリードしており、モビリティを再定義するようなイノベーション、先の統計でいう、市場新規プロダクト・イノベーションだけを積極化させているようにも見えるが、それも足元のカイゼン活動があってこそなのである。

図7を見ると、2019年度単年でもカイゼン活動によって年間800億円以上の収益を上げていることになり、17年度は4400億円と1つの大企業の年間収益に匹敵する値をカイゼン活動から生

み出している。さらにはリーマンショック直後の2010年には、5200億円という直近20年間でも最大の成果を上げている。

リーマンショック後に過去最高のコスト削減を行った意味

多くの日本企業で間接費が高騰していることは先にも述べたが、トヨタですらリーマンショック直後には、好景気の中で売上拡大のために、さまざまな無理や無駄が発生していなかったかを徹底的に見直したことが2010年の数値から想像できる。

このことは、多くの企業が「ウィズコロナ」の時代に自社はどのようなイノベーション活動を行えばよいのか、その迷いを払拭《ふっしょく》する答えとなるだろう。

再三の指摘となるが、「ウィズコロナ」の時代においては、市場新規プロダクト・イノベーションに取り組むよりも、トヨタのように**愚直な〝カイゼン〟活動に取り組みながら、来る「アフターコロナ」に向けた収益の改善と、ビジネスプロセスやイノベーションを生むための土台作りを行うべき**なのである。

3-2 プロダクト・イノベーションではなくチャネルの見直しを

改善するにも大きな原価も発生していないケース

前節で述べたように、「ウィズコロナ」の時代には、ビジネス・プロセス・イノベーション、すなわち〝改善〟に力を入れるべきである。その後、「アフターコロナ」に向けて経営戦略の見直しを行い、その中で市場新規プロダクト・イノベーションを追求していくことが有効である。

しかし業界によっては、コロナショックによってそもそも売上げを大きく失ってしまい、改善しようにも大きなコストが発生していない業界もある。そのような企業はどのようにすればよいか。その答えは**チャネルシフト**である。

チャネルシフトと聞くと、「またEC販売か」と眉をひそめる人がいるかもしれないが、チャネルシフトはイノベーションを生み出す大きな手法のひとつであることは、20年以上も前にピーター・ドラッカーが『イノベーションと企業家精神』（ダイヤモンド社）の中で指摘している。

チャネルシフトにはインターネット以外にも、コンビニ、C2C、法人営業などさまざまなチャネルがある。そのため、自社がまだ利用していないチャネルを見つけることは、新製品を開発するよりも低コストかつ低リスクで行うことが可能である。個人向けの製品を法人向けにアレンジして販売したり、法人向けを個人向けに簡素化して販売したりする手法も昔から行われてきている。

もちろん、ECやインターネット上での販売は「アフターコロナ」を見据えて、再び大きく成長することは間違いない。これは、一足先に「ウィズコロナ」を終えようとしている中国のスマホアプリのデータからも明らかである。

EC市場の再成長が変える未来

図8を見ていただきたい。中国のデータ調査会社である「个推大数据《グートゥイダアシュウジュウ》」が2020年4月に行った調査によると、武漢でのコロナの蔓延が発覚した春節シーズンに対して、女王の日と呼ばれる3月3日～9日は中国の主力ECであるタオバオで132％、天猫《ティエンマオ》で1

図8　「ウィズコロナ」における中国のECサービスの変化

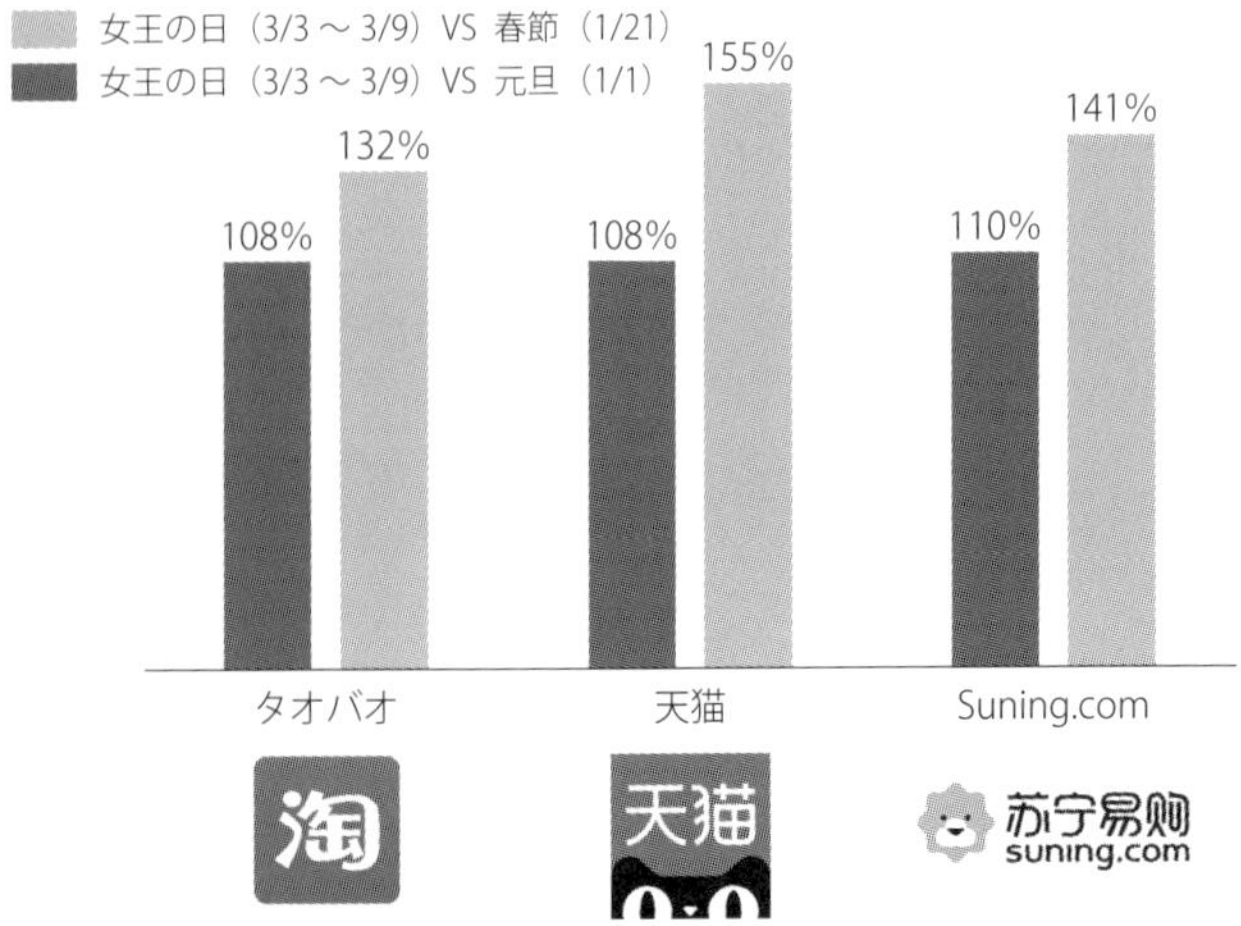

５５％、Suning.comで１４１％と、ＥＣでの販売が大きく拡大している。さらに生鮮食品のＥＣである多点《ドゥオティエン》は１９８％増、叮咚買菜《ティンドンマイツァイ》は１９１％増となっている。

そして「はじめに」でも述べたが、ＥＣの需要増から物流に課題が生じているため、さらに新しいチャネル開拓の余地が生まれている。それは、ユーザーの嗜好性や買い物データ、住所、近隣施設といった購買に関するビッグデータを活用しながら、顧客が最適なタイミングで商品を受け取れるように、都市部の小売店は物流倉庫機能が付いたものへと進化を遂げている。

すると、小売店には注文商品の受取りから派生して、個人の購買データが収集されることになるので、商品の受取りのタイミングに合わせて、小売店にいるユーザーに各メーカーはオンラインチケットやＬＩＮＥのプッシュ広告のようなものなどを活用して商品のプロモーションを行うことができるようになる。

このように小売店が商品販売の拠点から、**顧客とメーカーとのワン・トゥ・ワンのコミュニケーションスペースへと進化すること**が考えられるのである。

国内でも高級品のＥＣが活性化

日本においても一部の製品で**インターネットのＥＣチャネルが拡大する**可能性がある。図9を見ていただきたい。ボストン・コンサルティング・グループ（ＢＣＧ）が２０２０年5月26日に発表した「新型コロナウイルスに関する消費者意識調査　第3回」では、「今後1カ月のオンライン購入に対する意向」について、衣料品で15％、ブランド品で23％、化粧品で17％がオンライン購入を増やす予定であることを明らかにしている。

これらの製品はインターネット販売に向かないといわれていた商品であるが、今後インターネット販売のチャネルが拡大すれば、各社はこれまで以上にＥＣへの開発投資やオンライン広告への対応を迫られるようになり、店舗は前述のように、メーカーと顧客とのコ

図９　今後１カ月のオンライン購入に対する意向

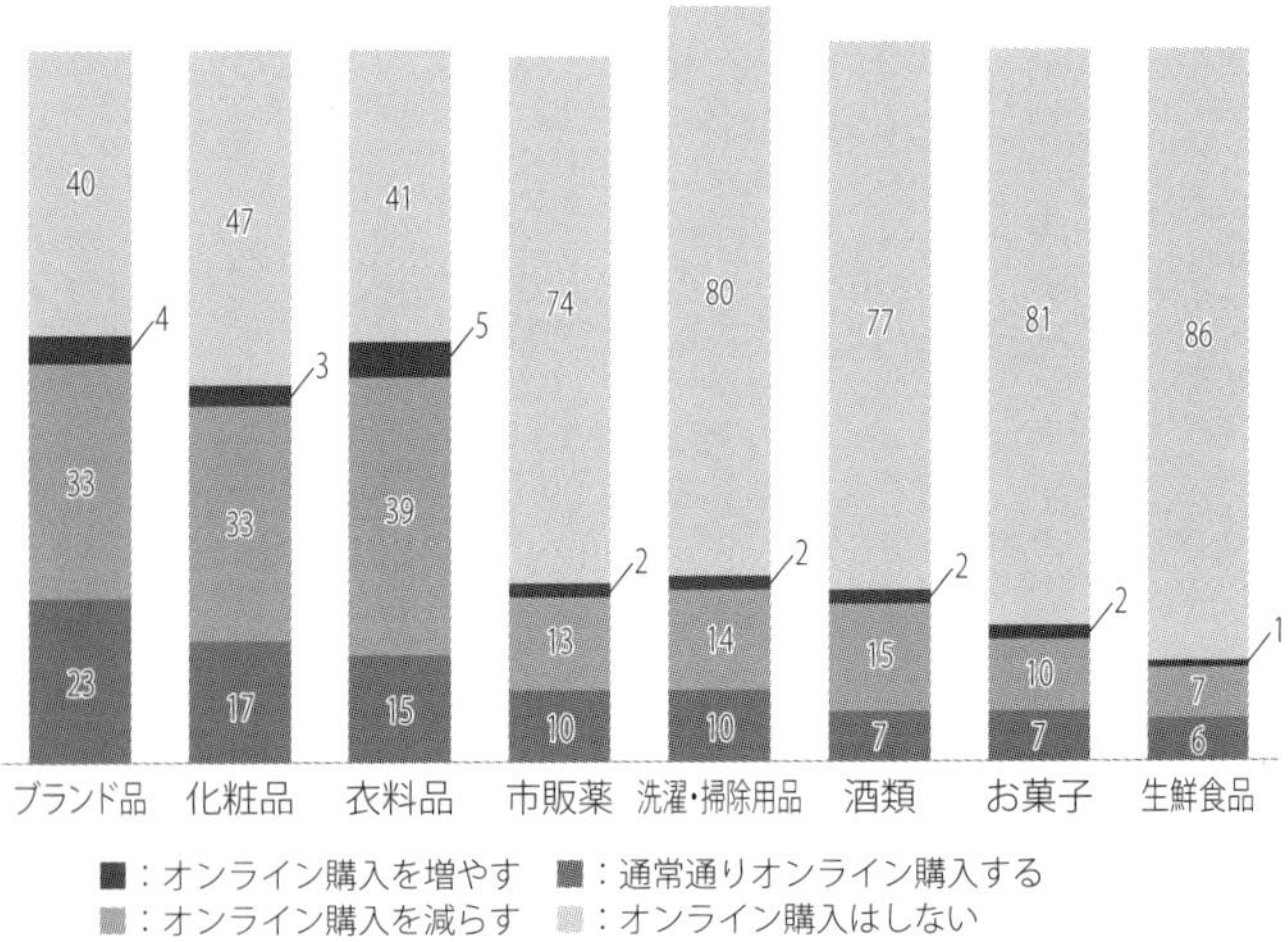

出典：ボストン・コンサルティング・グループ「新型コロナウイルスに関する消費者意識調査　第３回」

ミュニケーションの場へと進化するのは目に見えている。

さらにいえば、この製品のチャネルシフトは、百貨店にとって死活問題となる。具体的に数字を見ていただきたい。表6は、三越伊勢丹ホールディングスの2020年3月期決算説明資料である。百貨店もオンライン販売は強化してきているものの、彼らの頼みの綱である、化粧品やアパレルなどの売上げも粗利も高い商品が急速に減少した際に備えて、新たなビジネスモデルを検討しなければならないことは明らかである。

表6　2019年度　三越伊勢丹ホールディングスの商品別収益状況

単位：百万円		売上高	売上構成比	売上総利益率
衣料品		201,871	34.6%	32.03%
	紳士服	64,799	11.1%	33.78%
	婦人服	108,643	18.6%	31.00%
	子供服	16,445	2.8%	30.61%
	呉服寝具	11,982	2.1%	33.79%
身廻品		72,439	12.4%	28.04%
雑貨		133,209	22.8%	28.70%
	化粧品	61,694	10.6%	33.68%
	美術 宝飾 貴金属	55,196	9.5%	23.81%
	その他雑貨	16,319	2.8%	26.40%
家庭用品		20,405	3.5%	29.87%
食料品		126,377	21.7%	23.06%
その他		28,899	5.0%	18.64%
合計		583,203	100.0%	28.09%

出典：三越伊勢丹ホールディングス「2020年３月期決算説明資料」

フードデリバリー市場も急拡大

フードデリバリーサービスの市場にも同様のことが見て取れる。中国では以前よりフードデリバリーサービスも好調だったが、「ウィズコロナ」によって、その勢力はさらに拡大している。

中国版ウーバーイーツともいえる「美団点評《びだんてんぴょう》」の調査機関である美団研究院がまとめたデータによると、2019年度末までに美団に登録していた配達員は400万人弱であったが、コロナウイルスの感染拡大が見られた1月20日から3月18日の間に新規で33万6千人の登録があり、平均的な1名当たりの受注件数は十数件にものぼっている（平時の注文数は10件以下）。これは登録員が8％増に対して、注文数は30％以上上昇している計算になる。美団研究院の発表によると、美団点評が直近の四半期において1回の配達によって得られる利益は0・03ドルと非常に小さなものであり、いまだ大規模なインフラ投資が必要な段階ではあるが、今後も順調に拡大する可能性が高い。

日本においても、先のBCGの調査では、「フードデリバリーへの支出を増やす」と答えた回答者は全世代で40％を超えており、これによってこれまで店内での飲食提供に特化してきた多くの国内飲食店は、ビジネスモデル、ホスピタリティ、店舗でしか味わえないおもてなしなど、**何をフードデリバリーの商品群と差別化要因とするのかについて転換を迫られるようになる。**実際にウーバー・ジャパンの決算公告によると、2019年は2・3億円の純利益を計上している。

以上のように、中国では「ウィズコロナ」の時代に、これまで急速に拡大してきたインターネットのチャネルがさらに勢いを増してきたことがわかる。

これらのデータを見ると、チャネルシフトはB2C企業に限定されたかのように思われるかもしれない。しかし、アメリカではB2B企業でも「ウィズコロナ」時代に同様のチャネルシフトが見て取れる。

ルーター大手のシスコシステムズの2020年2月期から4月期の決算によると、彼らの主力商品であるルーターなどの製品販売部門の売上げはコロナショックによってサプライチェーンがダメージを受け、前年度比12％減少したものの、サービス部門では前年度比5％の売上上昇が見られたという。そしてサービス部門の売上げのうち74％は、ウェブexというオンライン会議システムが貢献している。このように本来であれば対面で代理店を活用して製品を販売していたシスコシステムズが、インターネット上でのサービス提供によって、収益の安定化を図っているのである。

新しい法人営業モデル「ザ・モデル」

国内のB2B系企業においても、ウェブ会議やウェブセミナー（ウェビナー）などを活用して営業を行う企業は「ウィズコロナ」に入って急速に増加してきているが、この傾向はますます進むと考えられる。

その際に、オンラインで販売する製品がない企業にとってウェブ会議やウェブセミナーを行うこと以上に参考となるのは、「**ザ・モデル**」の考え方である。

「ザ・モデル」は、世界的なCRMサービスであるアメリカのセールスフォースが提唱

図10　ザ・モデルのプロセス図

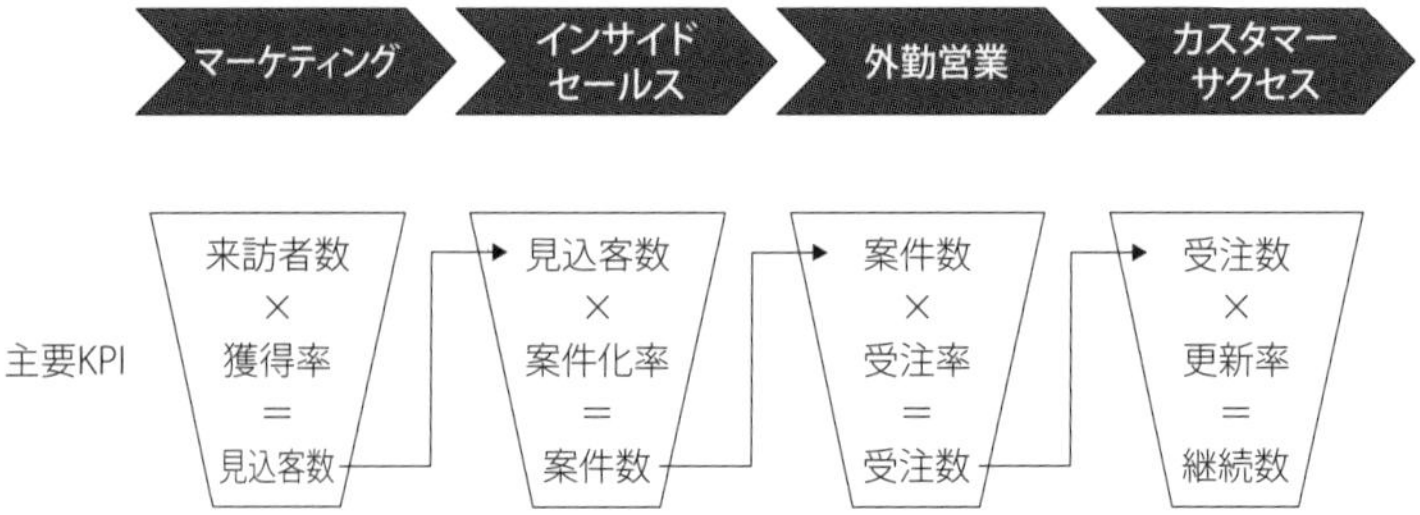

出典：Salesforce 「営業効率を最大化する『The Model』（ザ・モデル）の概念と実践」

するインターネットを活用しながら効率的な営業プロセスを行うための手法である。その特徴として、営業プロセスをターゲット顧客のセグメンテーションである「マーケティング・オートメーション（MA）」、それをもとに見込み客の管理と育成を行う「インサイドセールス」、従来型の「外勤営業」、そしてクライアントの離脱防止と継続的な利用、顧客へのアップセルを促すための総合的なサポートを行う「カスタマーサクセス」という4つのプロセスに分けて、徹底的に科学する点が挙げられる。

従来の法人営業といえば、手に入れた名刺や顧客リストに手当たり次第、電話営業やメールマガジンを送る手法であったが、「ザ・モデル」では、マーケティング・オートメーションとインサイドセールスを活用し、顧客の育成、スコアリングをした上で、受注見込みの高い顧客だけを法人営業が開拓するモデルとなる。

インターネットのマーケティングと電話でのヒアリン

グはオンライン上で行うため、インターネットと法人営業がミックスして最適化されている形とはいえ、それぞれの部門数字が後工程につながるため、なぜ数字が上がらないのかが把握しやすい。さらにはインサイドセールスまでのフェーズは対面でなくても行えるから、自宅などでリモート対応を行うことも可能である。

たとえば、不動産業界で投資用物件を販売している企業を例に取ろう。従来型の投資用物件の販売方法は、スーモなどの広告媒体かセミナーで集客する、公務員や士業など安定した職業に就く人のデータを買ってきて、そのリストに対してテレアポなどによってアポイントを取り、個別に販売するやり方だった。駅前での声がけや飛び込みなど従来型の気合と根性の会社も多い。

しかし、この「ザ・モデル」の考え方では、手に入れたリストに対して、まずは「投資用物件の見つけ方」や「融資を引き出すための3つのポイント」などのメールマガジン、ユーチューブのレッスン動画などを送信する。そしてアクセスしてきたユーザーをマーケティング・オートメーションでふるいにかけ、より購入確率が高い顧客に、インサイドセールスの部門から、今の困りごとや投資にあたって気を付けていることなどをチャットや電話でヒアリングをして、ニーズがより鮮明になってはじめて、店舗に来店してもらったり、訪問したりするのである。これにより、これまでの場当たり的な対応よりも、はるかに少ない人数で効率的に売上げを上げることができるのである。

このやり方は、従来型の気合と根性型の法人営業を、最先端のデータ駆動型の営業へと根本から見直すきっかけとなる。したがって、「ウィズコロナ」で営業するのが難しくなったと感じている企業は、テレワークなどの目先の改善ではなく、「ザ・モデル」をベースに営業プロセスの見直しを行うべきである。

3-3 ビジネスモデルを大きく見直すことの価値

無人化サービスの開始

本章の最後に、「ウィズコロナ」の時代において、ビジネスモデルを見直す方法を簡単に見ておこう。

前節で百貨店や飲食店の例を挙げたが、オンライン販売が伸びることによって、ビジネスモデル自体を変革しなければならない企業も出てくるだろう。

「ウィズコロナ」の中、中国でどのような変化が起きているかを再び見てみよう。たとえば、ティー専門店の「奈雪《なゆき》の茶」や中国最大のコーヒーチェーン「ラッキンコーヒー」では、オンラインオーダー、無人受取りなどのサービスが好調となっており、一時中国では不人気となっていた無人コンビニも再度稼働をスタートしている。

第6章で詳しく説明するが、日本国内においてもＪＲ高輪ゲートウェイ駅に無人コンビニが導入されており、オフィスビルでも無人コンビニの実証実験がスタートしている。このような動きを受け、飲食店や小売りではフードデリバリー以外にも無人化サービスを取り入れるか否かについて、ビジネスモデル全体から見直しを行う必要がある。

化粧品業界のビジネスモデルの変革

他にも、化粧品市場では、コロナによってマスクをする文化が定着した影響から、主力製品だった口紅が売れなくなり、代わりにアイシャドウなどの目元にフォーカスした商品の販売が伸びているデータがある。一方で、スキンケアやシャンプーなどトイレタリー分野のオンライン売上げが21・33％増加したといわれており、化粧品会社は化粧品ビジネスからトイレタリー部門の強化へとビジネスモデルを転換するべきだと考えられる。

そもそも、化粧品は研究開発費や材料費が少ないため、原価が低く粗利が高くなるが、一方で広告費や百貨店での人件費、地代が多額になってしまう。それに対してシャンプーなどは材料や研究開発などに費用がかかり原価が高いが、広告費や人件費は化粧品よりは安いという特徴がある。したがって、化粧品からトイレタリーという「ウィズコロナ」の流れに対応するためには、**ビジネスモデル自体を変革しなければならない**のである。

図11　資生堂のビジネスモデルの変化

2023年以降の新ビジョンの実現に向け、
抜本的な構造改革を通じ、
グローバルでの強固な収益基盤・成長基盤を再構築

- グローバル水準を目指した生産性の向上
- キャッシュフロー重視の経営
- サステナビリティを基軸とした経営やマーケティング
- 事業・ブランドポートフォリオの組み換え
  - 事業、ブランド、地域戦略の見直し
  - 非中核事業の売却や戦略的M&A
- デジタルを駆使した事業モデルへのシフト
  - オムニチャネル、D2C、ビューティーテックの強化
- 他企業との協業、オープンイノベーションによるケーパビリティ獲得、コスト効率化（SCM、R&I）
- 人材、組織、働き方の多様化

出典：資生堂「2020年第１四半期実績（１月～３月）

化粧品業界のビジネスモデルの変化について、図11の資生堂の決算説明資料を見ていただきたい。資生堂はまさにビジネスモデルの変革について、明確に記載している。具体的には、オンライン販売と店舗販売をより連携させるオムニチャネル、D２C（ダイレクト・トゥ・コンシューマー：自社開発自社EC販売）、ビューティーテックにビジネスモデルを変革させるべきだと明らかにしている。

余談だが、図11を見ると、私が第1章で指摘したキャッシュフロー重視の経営、第2章で指摘したM&Aを活用したポートフォリオマネジメントについても記載されている。大企業の2020年3月末の決算資料の大半を見ているが、資生堂ほど「ウィ

ズコロナ」の時代に明快な答えを持っている企業はいないだろう。他の化粧品メーカーやトイレタリーメーカーも資生堂のビジネスモデルの転換を参考にする必要がある。

他にも中国ではコロナウイルスへの感染を恐れて、マイカー通勤やマイカーによる学校への送迎が増加しているという。すると、自動車メーカーにおいては、これまで以上に環境に配慮した自動車の開発が求められるようになり、家電メーカーなどの台頭の可能性も増す。

そして公共交通機関においては、輸送価値が減少する。実際にJR東日本の2020年3月期決算説明資料によると、新型コロナウイルスの影響で940億円の減収となったが、そのうち710億円が運輸事業の減収であり、不動産やサービス部門の減収は小幅である。

したがって、安定と思われた公共交通機関においても、人の輸送から、コミュニティの提供や街作りへのビジネスモデルのシフトが求められるようになるといえよう。

第4章

コロナショックで浮き彫りとなった「グローバル化」と国内需要回帰

4-1 人口減の中での「外部市場の価値」

「ウィズコロナ」の中でのグローバル展開

第3章では、「ウィズコロナ」の時代におけるチャネルシフトとビジネスモデルの変革について取り扱った。その延長線上で、「ウィズコロナ」の中でグローバル展開をどうするべきかという課題が出てくる。

現在、多くの日本企業は国内の人口減少による需要の縮小から海外展開を積極的に行っている。経済産業省『第48回 海外事業活動基本調査概要（2017年度実績／2018年7月1日調査）』では、海外子会社を持つ日本企業は中小企業で8887社、大企業で1万6116社あるとされている。そのうち中国やアメリカ、タイなど日本とも関係が深く、マーケットの大きい国に海外子会社があることがわかっている。

これらの国では感染拡大やロックダウンが起きており、いまだにサプライチェーンの分

表7　国別海外子会社数

	1位	2位	3位	4位	5位	全体
中小企業	中国 2,858社	タイ 958社	アメリカ 919社	香港 553社	ベトナム 440社	8,887社
大企業	中国 3,434社	アメリカ 2,068社	タイ 1,262社	シンガポール 769社	インドネシア 719社	16,116社

出典：経済産業省『第48回 海外事業活動基本調査概要（2017年度実績／2018年7月1日調査）』

断や需要の大幅な減少が続いている。特にアメリカでは、2020年6月の雇用統計によると11・1%という高い失業率となっている。他にも、2020年4月8日付の『ウォール・ストリート・ジャーナル』によれば、2020年4月には家賃の支払率が69%にまで低下しているといわれている。日々の生活に追われる中、需要回復には時間がかかると見込まれる。

中国においても需要は回復し始めているものの、コロナウイルスの再びの感染拡大も見られ、「ウィズコロナ」における日本製品の需要は限定的という考え方もある。

新興国でもこの需要減少のダメージがある。2020年5月13日付の『日本経済新聞』では、タイでも需要減少が起きているとされており、たとえば新車販売台数は2020年1～3月は前年比30%減の1万7千台にとどまり、3月は5割減になったと指摘している。タイには多くの自動車メーカーが進出する中で、海外戦略の見直しを迫られることは必須である。実際に、三菱自動車では早期退職者を募集し始めている。

以上のような「ウィズコロナ」の時代において、日本企業は海外需要、そしてグローバル化をどのように考えればよいか。ちまたでは、「今後は地産地消、国内回帰だ」という見方もあるが、このような議論はリーマンショック直後にも見られたものの、結局定着しなかった。

そこで、筆者は次の2つの方向性からこの難問について検討する必要があると考えている。

新興国市場のジレンマ

1つ目は、売上げが落ち込む国内需要を補塡するためにグローバル化するのではなく、**国内を含めた自社製品のリサーチ場として海外市場を捉える考え方**である。多くの日本企業は、松下電器が1961年にタイにて電池の現地生産、現地販売を始めた時代から、その海外市場戦略は大きく進歩していない。国内のマザー工場を筆頭に、国内で売れたものを海外市場、特に新興国市場に展開し、その後若干のアレンジメントとコストダウンを施して、大量生産するモデルである。「生産の護送船団方式」とでもいえようか。

東京大学の新宅純二郎教授は、2009年に発表した論文「新興国市場開拓に向けた日本企業の課題と戦略」において、国内のマザー工場で大量生産し、新興国にバラ巻く戦略は「新興国市場のジレンマ」を起こすと指摘している。「新興国市場のジレンマ」とは、国内市場の穴埋めとして新興国のハイエンドの市場を獲得する戦略は短期的には有効に機能するが、そのうち現地のローコストメーカーがよりミドルからローエンド向けの商品を低価格で投入してくることで市場シェアを奪われるため、当初日本企業が目指していた新興国市場のマーケットを獲得する上では機能しないという考え方である。多くの日本企業はそのような「新興国市場のジレンマ」に苦心しながら、現地で改良を進めて、徐々にミドル市場を切り開いてきた。

では、ローエンドの獲得が難しく、さらにはハイエンド市場でも需要が減少している「ウィズコロナ」の中で、日本企業はどのようにグローバル化を考えればよいだろうか。

その解決策は先に示したように、「アフターコロナ」を迎えるまでは、海外市場を国内、海外と切り分けず、徹底的にリサーチ、すなわち「実験場」として考えるべきである。

サムスン電子の地域専門家制度

この海外戦略を得意としてきたのが、韓国のサムスン電子である。同社には、「**地域専**

門家制度」という1990年から行われている、独特なプログラムがある。これは、国内で選抜された入社3年程度のエース社員を1～2年間各国に派遣して、その国の社会やユーザーについて徹底的にリサーチし、国内の重要な人物とのネットワークを構築させる制度である。つまり、現地人を育成するのである。その間は一切仕事をすることは禁止される徹底ぶりである。そして、プログラム終了後に各国の市場で自分が理解した共通点や相違点を本社に伝えながら、現地の製品開発や販売を行うのである。

この地域専門家制度は、毎年100名ほどを世界中に派遣し、これまでに延べ4千名がこのプログラムを卒業しており、1人当たり1千万円の投資をしているという。日本企業の欧米のMBA派遣と同レベルの投資を100人に対して行っているのである。

地域専門家制度は、「コストがかかりすぎる」「既存の人事制度と合わない」という理由で、これまで日本企業ではほとんど普及してこなかった。しかし、ユーザーの需要も減少して新規製品を積極的に開発する必要がなく、現地の社員も積極的に販売を行う機会がない「ウィズコロナ」の時代だからこそ、追加コストをかけずに実施できる。

前述のように、「日本企業は海外市場のニーズを真摯に理解し、汲んできたか」「現地のトップセールスを行ってきたか」と問われれば、一部のメーカー以外は口をつぐまざるを得ないだろう。

「ウィズコロナ」の時代、ユーザーも社員も空いている時間とコストをもっと活用して、自社の製品をどのように開発するべきなのか、その市場は「アフターコロナ」に向けて、どのように変化し始めているのか、顧客の本質的な課題と現地企業製品に対する自社の弱みは何かといった**データ収集を徹底的に行う時間として活用**すれば、「ウィズコロナ」でただ待つだけでなく、それが「アフターコロナ」で勝ち抜く大きな財産になる。そのためのひとつの手段として、地域専門家制度の活用を検討していくべきだろう。

国内の再成長市場を捉える

「ウィズコロナ」の時代におけるグローバル化の捉え方の2つ目は、**国内の需要を一律に減少市場と捉えるべきではないこと**である。第3章で中国でスキンケアやシャンプーなどの製品が好調だと紹介したが、日本でも、これまで成熟化していた市場が「ウィズコロナ」とともに、再度活性化する可能性がある。たとえばアルコール除菌スプレーやハンドジェル、トイレットペーパーなどの衛生関連用品は、これまで以上に衛生面が見直されつつある中、生産が需要に追いついてからも、安定的な売上げを保っている。他にも、高機能なエアコンや空気清浄機などは、明確に「アフターコロナ」が意識されるまでは需要が

図12　青山フラワーマーケットの売上推移（2009〜2019年）

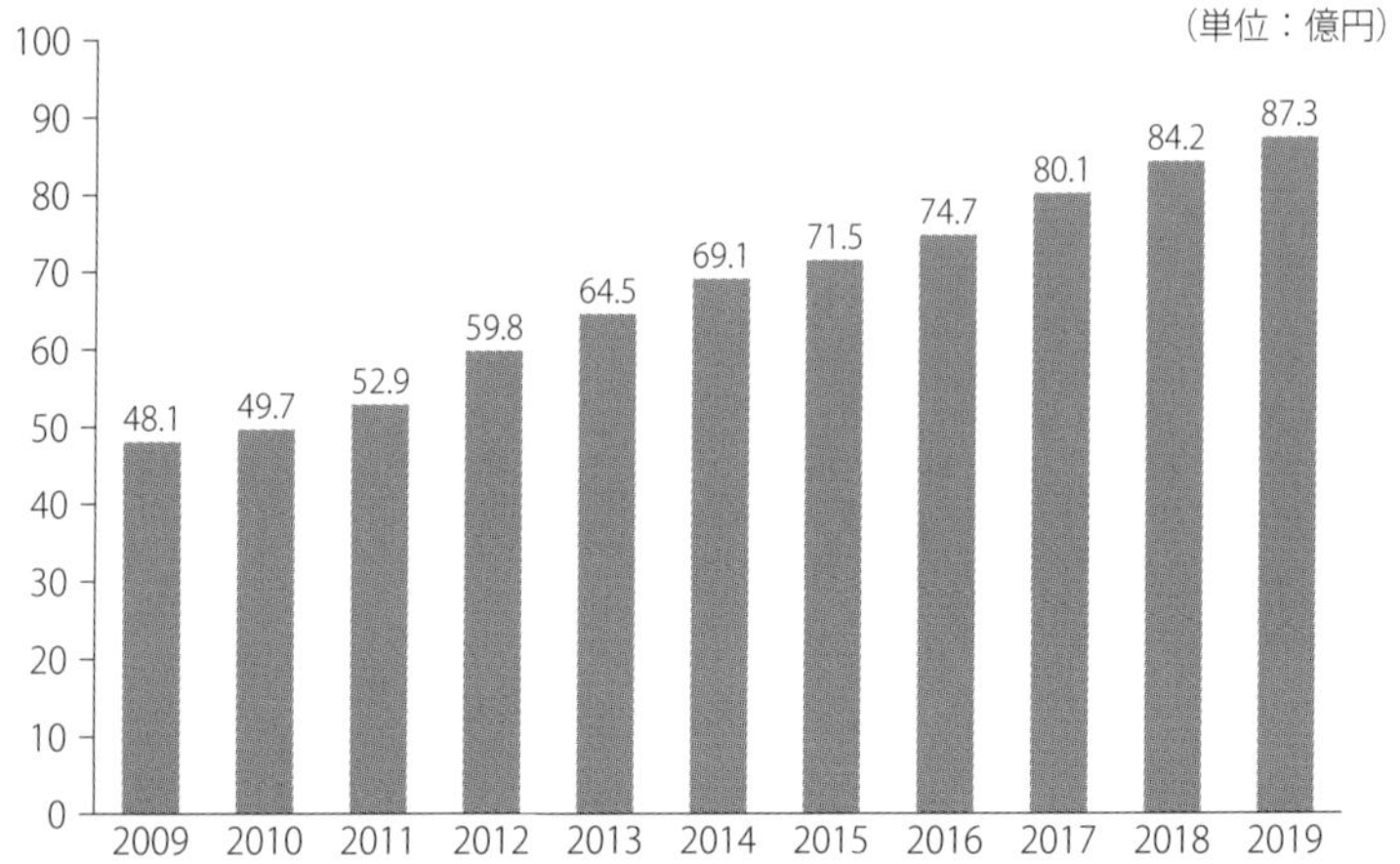

落ち込むことはないだろうし、飲食店でソーシャルディスタンスが意識される中、中《なか》食《しょく》関連市場や加工済みのレトルト食品、冷凍食品など、既に一定の需要を獲得していた市場も再度活性化する可能性が高い。

ここまでに挙げたのは、「ウィズコロナ」によって受動的に拡大した市場だが、一方で積極的にいくつかの仕掛けを打ち出すことで、再成長を見いだす成熟市場もあるだろう。たとえば、青山フラワーマーケットが確立した、生活を彩る「プレゼント」としての花、ライフスタイルブーケと呼ぶ市場がこれに当てはまる。

青山フラワーマーケットは、これまで冠婚葬祭や贈答用として利用されることが多かった花屋の市場に、価格と花がパッケージ化されたプレゼント用の花という市場を切り開いた。これによって、大きく市場は成長したが、日比谷花壇など多数の参入者が進出することで、市場は成熟化を迎えた。さらにはウェディングや法人オフィスの緑化などの市場も、コロナショックによって需要が大幅に落ち込んでいる。

そこで青山フラワーマーケットが行うべきは、「ウィズコロナ」で生まれた、テレワークの拡大や家食、中食の拡大に伴う自宅での生活時間の増加を契機とする生活必需品としての新たな市場の獲得であろう。この市場には既にBloomee LIFEというベンチャー企業が500円から始められる花の定期便サービスを展開しているが、多数の店舗を持つ青山フラワーマーケットならば、自社の店舗を活用して配送コストを下げながら、インターネットも活用して、プレゼント用の花やウェディング用の花といった市場の成熟化に対抗できるだろう。

市場の成熟に打ち勝つ視点の切り替え

他の企業でも成熟化に対抗するための方法として持つべき考え方は、**視点の切り替え**である。先にB2BとB2Cやチャネルのシフトについては説明したが、他にもデザイン性と機能性のシフト、統合型製品と分業型製品といった視点で、市場の成熟化に対抗する方法がある。

統合型か分業型かという視点のシフトでは、時計メーカーのスウォッチとアップルの例が典型である。スウォッチは、スイスの時計メーカーが伝統としてきた各企業が特定の部品・製品を分業して担当していたのを改め、自社に統合・集中させることで、より安価で、かつデザイン面で優れた時計を開発し、若者向けの市場へと展開させた。一方、アップルは逆で、多くのＰＣメーカーや携帯メーカーが統合型の製品開発を行う中で、自社はデザイン性と基幹技術開発に特化し、それ以外は外部のサプライヤーに外注する分業型の戦略を採ることで、最先端でデザイン性に優れた製品を開発し、成熟化したＰＣ市場、携帯市場を脱成熟化へと向かわせた。このような分業型で成功する事例は、近年高度化が続く金融業界でも見られている。

この視点の切り替えを青山フラワーマーケットに当てはめれば、これまでプレゼント用として、わかりやすく、かつデザイン性に優れた花を提供していたが、自宅で快適に過ごす、日常生活をより豊かにすることに貢献する、より機能的な花、たとえば手入れの少ない花の提供などが求められることになる。

以上のように、これまでの視点とは異なる視点に切り替えることで、市場の成熟化に対

図13　市場の成熟化に立ち向かうために持つべき視点の切り替え

重視する要素		重視する要素
B2B	←→	B2C
オンライン	←→	オフライン
機能性	←→	デザイン性
統合	←→	分業

応できることがある。

「ウィズコロナ」による直接的な恩恵を受けない企業であっても、資金とコストの管理は十分行った上で、余剰資源を活用して、このような取り組みを行うことは、イノベーションやビジネスモデルの変革よりも容易な取り組みとして、検討する価値があるだろう。

4-2 グローバル化を行う意義は売上げだけではない

サムスン電子の「逆地域専門家制度」

グローバル化の話題に戻ろう。

先に紹介したサムスン電子の地域専門家制度は、確かにエリート社員を活用した市場リサーチ手法、製品開発、マーケティングの要であるが、それだけではない。同社では、このプロセスを通じて、社員のグローバル感覚の醸成やユーザー目線の獲得、そして経営者になるために必要な各種のネットワークを持ち合わせたリーダーを育成しているのである。

一方で、一部の海外売上比率の高い企業を除き、多くの日本企業では、海外市場は若手社員のローテーションのひとつになっていたり、海外志向の高い社員が行ったりするなど、深く考えずに扱われていることが多い。

また、せっかく現地の企業を買収しても、かつてのM&Aの失敗の記憶があるからか、欧米流の経営手法をそのまま用いているからか、現地に任せっぱなしになっている話もよく耳にする。

この課題にも、サムスン電子は解決策を提示している。それが「**逆地域専門家制度**」である。これは、地域専門家制度の逆の視点で、海外採用の人材のうち5年以上勤務した現地の幹部社員を10カ月間同社の本社がある韓国内で生産やグローバル人事、開発、マーケティングなどの業務知識から、韓国語や伝統文化まで幅広く学ぶプログラムである。

韓国から送り込まれた社員がいくら現地に詳しくなったといっても、現地の社員にはかなわない。しかし、現地の社員は、「本社の下にぶら下がった支店」という視点でしか自社を捉えていないことも多い。そこでサムスン電子は、現地の幹部社員が真にグローバルな視点とサムスン流を理解するために、「逆地域専門家制度」を作り上げたのである。

サムスン電子越えを狙うIBMのCSC制度

ＩＢＭはサムスン電子の「地域専門家制度」をさらに進化させ、２００８年からＮＰＯやＩＢＭ版青年海外協力隊ともいえる「**Corporate Service Corps（CSC）**」という制度を展開している。

図14　IBMのCSC制度の３つの目的とその意義

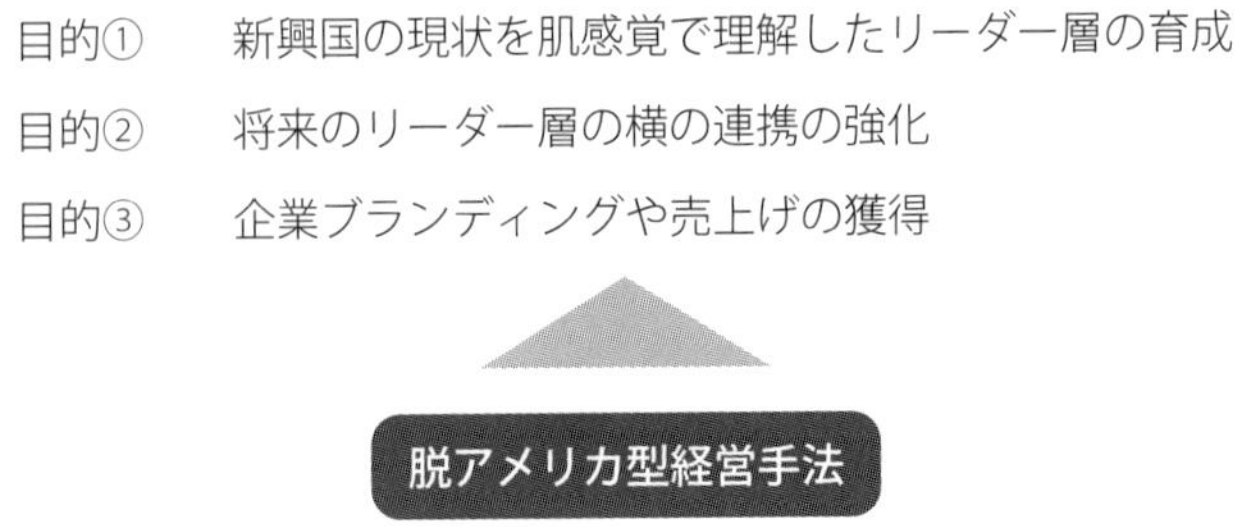
目的①　新興国の現状を肌感覚で理解したリーダー層の育成
目的②　将来のリーダー層の横の連携の強化
目的③　企業ブランディングや売上げの獲得
脱アメリカ型経営手法

CSCは、国籍や事業部が異なる社員10名を1チームにして新興国に派遣し、現地の社会課題を自社のICT技術でいかに解決するかを考えるプログラムである。初年度から100名の派遣があり、2013年までに1万5千名を派遣したとされている。

NPO法人クロスフィールズの小沼大地代表理事によると、IBMがCSCを行うのには3つの目的があるという。1点目に、サムスン電子と同様に、新興国の現状を肌感覚で理解したリーダー層の育成、2点目に、将来のリーダー層が国や事業部を超えてグローバル企業としての結びつきを強めること、3点目に、自社のブランディングや将来的な商品受注である。

そしてIBMのグローバル化の考え方の根底には、MBAでアメリカ型の経営手法をインストールされた人間に現地を任せるのではなく、現地のやり方を理解し、現地の人たちと一緒になって新しいやり方を考えられる人材を育成する視点がある。

以上のサムスン電子とＩＢＭの事例からわかるように、縮小する国内市場を補うために海外市場を利用するのではなく、**リーダー育成の場として活用すること**ができれば、売上以外の面からも日本企業のリーダー育成は進むだろう。

良質な〝修業の場〟としての海外市場

『ウィズコロナ』の時代には、現金確保が最優先だ。海外進出へのさらなる投資は余裕がある企業がやるべきだ」と、ここまで再三再四唱えてきた。そのため、いくらリソースに余裕があるといっても取り組まないほうがよいのではないかと考える方もいるのではないだろうか。

しかし、グローバル人材の育成以外にも海外市場で行えることがある。それは、社員がさまざまな試練を乗り越えて育つ、**〝修業の場〟として海外市場を活用すること**である。

国内市場が縮小しているということは、売上げが減少することと同様に、それだけ社員が良質な経験を積む場も減ってきていることを意味する。国内の主力ブランドで大きな失敗をしてしまえば、大きなダメージを受けることに加え、会社のブランドにも傷がついてしまう。失敗した社員も周囲からの批判にさらされ、二度と立ち上がれないこともある。

しかし海外市場ではどうか。そもそも日本にいる社員には、現地では何が起きているかわからないことが多く、また海外市場で起きたさまざまなチャレンジが主要顧客のブランド離れへとつながることも少ない。国内では考えられないようなトラブルが起きる可能性もあるが、そこを乗り越えた社員は大きく成長する。実際、この仕組みを使って将来の幹部候補の育成を行うことを得意としてきたのが、商社やメーカーである。

では、「ウィズコロナ」の時代にはどのように〝修業の場〟を作ればよいか。三菱自動車がタイで早期退職者を募集する話をしたが、このような一時的なリストラなどの業務やコストカット、ビジネス・プロセスの見直しといった業務を担当させるのもひとつの手だ。

国内ではマネジメント職や人事でなければリストラという苦い経験をすることは少ないが、海外市場では日本人駐在員が若くしてトップや要職に就いている企業も多いので、このような業務もめったにできない〝貴重な経験〟となる。さらには、自身でリーダーシップを発揮できるからこそ、コストカットやビジネス・プロセスの改善、つまりトヨタの言わないイノベーションの責任者になる経験も積める。

なお、その際には、できるだけ「成功するまでは戻ってくるな」という片道切符にすることだ。こういうと古臭い考え方と思われるかもしれない。しかし、次世代リーダーといっても、社長、特にオーナー社長やたたき上げの経営陣とは違って、修羅場をくぐった経験も少ないし、失敗の数も足りないだろう。そうであるならば、次の社長や経営陣に名を連ねてもおかしくないような大きな成果を期待し、そして、成功するまでやり遂げるという使命感を持たせて送り出すべきである。もちろんパワハラになるような言い方ではいけないが、会社の将来を担う社員を育成するために、大きな目標を持たせて、飛び立たせてやるべきである。そして大きな失敗をしても叱らず、次のチャンスを与えて挽回できるようにすればよい。

この「ウィズコロナ」というピンチを逆手に取り、海外市場を良質な〝修業の場〟として捉えることで、コスト増を行わない中でも、グローバル化を活かした人材育成や競争力強化につながるであろう。

4-3 「どこ」視点を捨て、「なぜ」視点へ

「なぜ」グローバル化するのかという目的を持つことが重要

これまで見てきたように、グローバル化は、縮小する国内市場の落ち込みを埋めるためだけでなく、人材育成やマーケティング、商品開発など、多岐にわたる目的で行うべきである。

すると、グローバル化のポイントは「どこ」に進出するかではなく、**「なぜ」グローバル化するのか、「なぜ」進出するのかという目的を持っていかなければならないこと**になる。

これは、資金的な制約の強い「ウィズコロナ」の時代には必ず持つべき視点である。もし売上げのためだけにグローバル化をしていれば、モノが売れない「ウィズコロナ」のもとではすぐに海外市場から撤退することになり、「アフターコロナ」の時代になって再度海外市場に進出ということになる。これこそ最大のコストの無駄遣いである。この受動的

な施策では、海外市場でも信用を失って、「アフターコロナ」の世界では負け組になりかねない。

一方で、これから海外市場に打って出たいと考えていた矢先にコロナショックに巻き込まれたことで、海外進出すべきかどうか悩んでいる中小企業やベンチャー企業もあるだろう。その中で、どのタイミングでどのように海外展開をやっていくべきかについて、今のうちから検討しておきたい企業もあるに違いない。

そのような企業はまず、前述の通り、どのような目的を持って海外進出するのか、IBMにならって売上げ以外の案を2～3個出していただきたい。

想像以上に難しいサービス業のグローバル化

次に問題になるのは、「**いつか**」という点である。

これは、「ウィズコロナ」がいつ落ち着くのかにもよるが、中国やアメリカ、タイなど徐々に緩和モードになりつつある国であれば、細心の注意を払って進出していくことはあり得る選択肢である。おそらく多くの企業が「アフターコロナ」の時代においては、今後、国から補助金とセットで出てくるであろう日本企業向けの誘致制度などを活用し、再度積極果敢に攻めてくることは容易に想像できる。そうなれば、ゼロから足場を作っていくフェーズの企業、特に中小やベンチャー企業では、よほど目新しい技術やサービスがなければ、市場のシェアを奪うことは難しくなる。

そこで、「ウィズコロナ」の時代から着々と海外進出に向けた準備を進めておきたい。いきなり社員を派遣させるのが難しいのであれば、社長自らが行くという気概で、コロナウイルスの蔓延が収まってきたタイミングで社員を行かせる形でもよい。

最後に付け加えておくと、特にベンチャー企業は、海外市場の開拓は想像以上に難しいことは十分に理解しておく必要がある。ＤＣＭベンチャーズの本多央輔日本代表は、「ウィズコロナ」の時代にはベンチャー企業は18カ月分の足元の現金を用意すべきだと、２０２０年４月18日の『東洋経済オンライン』のインタビューで答えている。したがって、それなりの足元の資金力を確保し、サービスレベルや市場と製品のフィット、文化的な違いなどを経営陣が十分に見極めた上で、十分な勝算を持ってグローバル化にチャレンジすべきである。

第5章

「アフターコロナ」の時代にすべての企業が採り入れるべきＳＤＭＳフレームワーク

5-1 「アフターコロナ」後の3年でどう差をつけるか？

「アフターコロナ」の時代に企業はどのような経営戦略を採り得るべきか？

第1部では、「ウィズコロナ」をテーマに、企業はどのように生き残りを図っていけばよいのかについて、さまざまな角度から解説を行ってきた。コロナウイルスのワクチン開発は進んでいるが、現状さまざまな型へ変異しており、インフルエンザのようにいくつかの型のワクチン開発が成功するまでは、その戦いは続いていくと考えられる。したがって、感染が一時的に収まったからという理由で「ウィズコロナ」の時代が終わるとは思えない。

第2部ではこれを前提に、いくつかのワクチン開発が成功して「ウィズコロナ」が明け、いよいよ本格的な「アフターコロナ」の時代に入った場合に、企業はどのような経営戦略を採り得るべきなのかについて、解説を行っていく。

図15　本書が提示するSDMSフレームワークと「アフターコロナ」後の時間軸

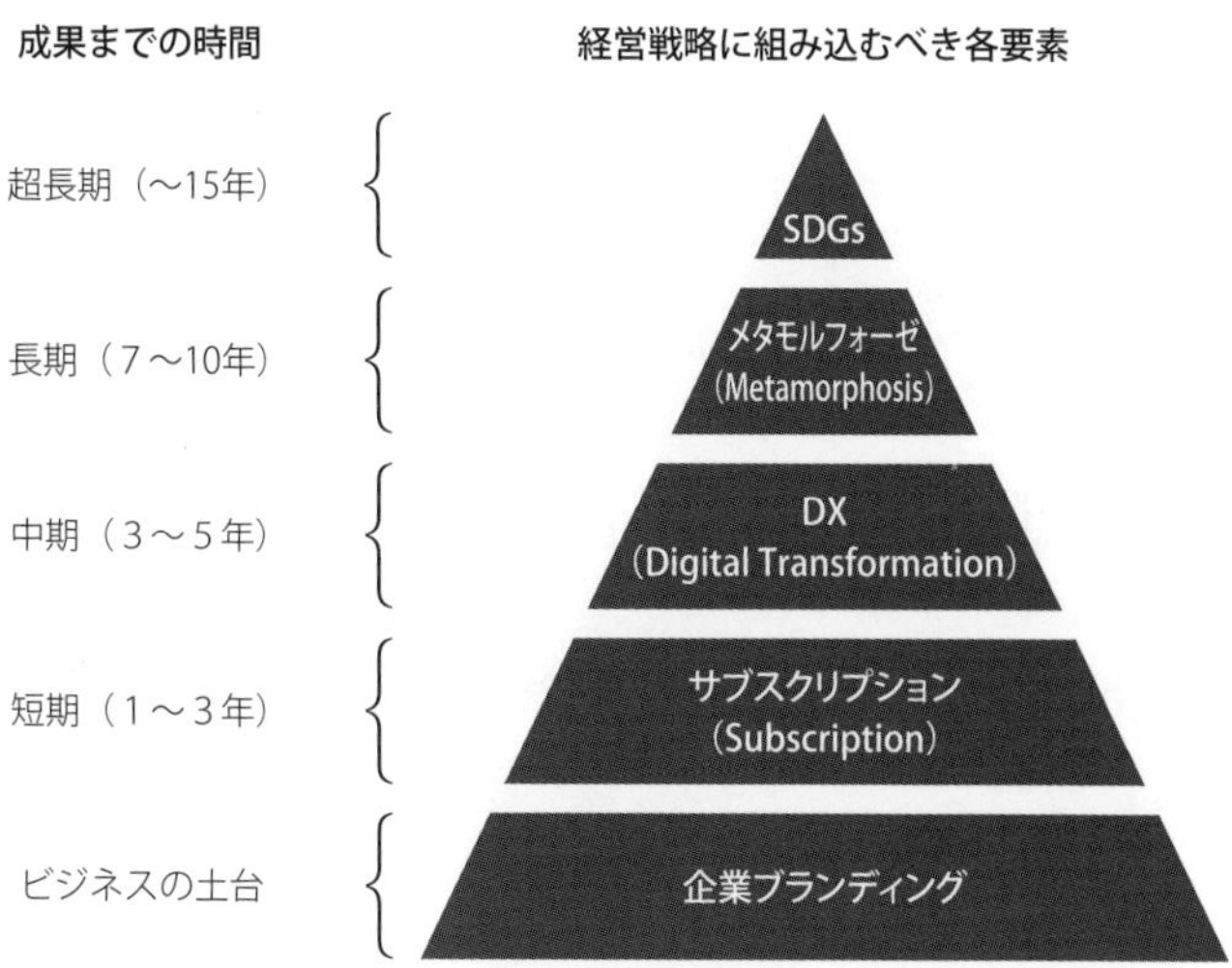

SDMSフレームワークとは？

図15を見ていただきたい。今後「アフターコロナ」の世界で企業が対応しなければならない経営戦略の要素を時間軸とともに記載した。個々の内容については、既にご存知の内容も多いかもしれない。しかし、おそらく多くの人が、言葉の意味はわかるものの、これらの経営戦略の要素1つ1つについてどのように実行したらよいのか悩んでいることだろう。実際、「これは手をつけたが、これはまだ手をつけられていない」「IT業界だけの話だと思っていた」「何か『アフターコロナ』

に向けて中期経営計画に盛り込まなければならないがどうしたらいいか」という相談が私のもとによく寄せられる。

そこで本書では、これらについて多数の事例を含めて解説するとともに、実行に移すために、いつまでにどれをやるべきなのか、どのようにやるのかという期限と事例をセットで提示する。

これを本書では、それぞれの頭文字を取って「**SDMS（エス・ディー・エム・ズ）フレームワーク**」と呼ぶことにする。

第3節からそれぞれの要素について解説していくが、ここで「アフターコロナ」における企業経営者（および政策担当者）のマインドセットについて解説をしておきたい。

本節のタイトルに「**『アフターコロナ』後の3年でどう差をつけるか？**」と付けたが、まさにこれこそが「アフターコロナ」において企業経営者（政策担当者）がまず持つべきマインドセットである。それはなぜか。

第1章でも述べたのだが、コロナウイルスの影響で、リーマンショック後の10年で大きくついた米中企業との差が、ゼロにまで戻ってきた。この機会に経営戦略を改めてゼロベースで見直さなければ、再び次の10年も差をつけられるどころか、さらに差が開いてしまうと考えているからである。

実際、アメリカやヨーロッパで大手企業の倒産やレイオフが急増している。アメリカでは、大手百貨店のJCペニーやニーマン・マーカス、ファッション企業のJクルーといった業界トップクラスの企業が米連邦破産法11条（チャプターイレブン）を申請した。

欧米だけではない。中国の大手映画製作・配給会社のワンダ・メディアも2020年4月28日に従業員の30％にものぼる大規模なリストラを発表している。このマーケットは、これまで日本企業が上位に組み込めていなかったが、中国の巨大な映画市場はTOHOシネマズなどの大手映画会社が狙うべき巨大なマーケットである。

他の業界でも、これまで差をつけられていたグローバル企業に追いつく千載一遇のチャンスは、当面「アフターコロナ」後の3年だけであると考えられる。

国内でも、「ウィズコロナ」においてはどこの企業も一律で業務縮小やリストラを行っている。今こそ、業界ナンバーワン企業に追いつく、またとない機会である。

しかしながら、「アフターコロナ」で何をどうしたらよいか、本当に世の中は変わるのか、と悩んでいる人も多い。だが、「アフターコロナ」に向けた経営者のマインドセットとしては、これまで導入できていなかった、ベストプラクティスを学んで取り入れられる数少ない機会になる。「アフターコロナ」後の3年の間で、優先順位の高いものはすべて片を付けるマインドセットを持っていただきたい。

明確な方向性を指し示す

こうしたマインドセットの次に、企業経営者（政策担当者）が「アフターコロナ」の時代に持つべきなのは、**今後の方向性を明確に示したビジョンと実行策**である。

この第2部で学んだことをもとに、必ず自社で「今後どうするべきなのか」、そしてそれ以上に「何をしてはならないのか」について社内で共有できるように、具体的なビジョンを1枚の紙にまとめるとともに、具体的にどのような施策を行うのか、それを誰が責任者としてまとめるのか、いつまでに行うのかというレベルにまで具体化して定めてほしい。つまり、ステークホルダー向けの明確な地図（方向性とその施策）と、どこまでできたのかというチェックリスト（計画とスケジュール）を持っていただきたいのである。

方向性が曖昧なままでは株主も従業員も、その他取引先などのステークホルダーも不安になるだけである。特に、昨今は日本でも投資家の力が強くなってきている。暫定的なもので構わないので、中期経営計画やアナリスト向けＩＲミーティング、社員向けの説明会などで今後のビジョンを明確に示し、徐々に修正するほうがよい。

5-2 ビジネスの土台がブランディングへ

経営戦略とマーケティングの歴史

最初に少しだけ経営戦略とマーケティングの歴史の話をする。これまで企業はどのような競争優位の源泉で勝つことができたのか、そしてそれが「アフターコロナ」でどう変化するのかという話である。

まず1960年代から80年代までのモノが足りない時代、資本力こそが企業における最大の競争優位の源泉であった。個人のニーズはシンプルで、大量生産を行う資本が重要であった。フォードのT型フォードは黒色1色のみ、モデルも1つだけというシンプルさで、とにかく安い自動車を大量に販売した。鉄道を引く、鉱山を掘って鉄鋼を作る、機械を作る、アメリカ全土に瞬く間に商品を並べるなど、高度経済成長期は世界的に資本がある企業が基本的に強かった。

顧客ニーズの多様化とマーケティングの台頭

しかし、80年代から経済が高度化し、顧客のニーズが多様化し始めると、資本力だけでは勝敗が決まらなくなった。顧客のニーズに合った商品を作れるのか、大量のマス広告で自社を知ってもらえるのかどうかといったマーケティングが重要になり、この時代に企業の競争優位の源泉は製品開発力、そしてマーケティングへと移っていった。

製品開発力は一朝一夕では身につかないし、顧客のニーズも1日ではわからない。そのため、細かい作業をする努力を積み重ねることができる日本企業がこの時代には強かった。

次に90年代から2000年代になると、インターネットの時代になる。インターネットによって、これまで断片的にしか情報を持ち得なかった個人が情報を持てるようになった。自主的にどの商品を購入するかを調べて決められるようになったのである。すると、これまで以上にユーザーのニーズが多様化、細分化されていった。

そこで企業は、これまで以上にユーザーの意見を聞き、ユーザーの課題（ユーザーペイン）を解決する商品を作れるかが重要になった。そして、それらの製品を圧倒的なマーケティングで拡散できるかが勝負の分かれ目になった。アマゾンやグーグルなどは、これまで使いにくいと思われていた商品やサービスを大きく改善させることで、世界的な企業を構築した。この時代には、企業は自社の範囲を超え、他社とコラボレーションすることが当たり前になった。

さらに2010年代、フェイスブックやツイッターなどのSNSが普及し、ユーザー同士、企業とユーザーとがつながりを持つ時代になった。ユーザーはSNSとインターネット上で自身がほしい、共感できる商品を探せるようになり、インターネット広告の市場が急激に拡大し、これまで強いメディアだったマスメディアの価値が減退した。そしてSNSが一瞬のうちに大ヒットを生み、それだけで企業が成立するほどのメディアパワーを持つようになったのである。

2010年代、企業の競争優位の源泉は、特にB2C市場でユーザーのシーズやウォンツを捉えられるかに変わった。そして、自社の強みに特化することが経営戦略上重要になった。

「アフターコロナ」後は信頼、ブランドこそが価値

そして「アフターコロナ」の2020年代、コロナウイルスという未知のウイルスと対

峙したことで、顧客はこれまで以上に商品を買う際に、経済面やデザイン面だけでなく、環境面、衛生面、自分の価値観に合うかなど、多面的にモノを見るようになると予想できる。未知のウイルスを拡散させないために環境保護が重要だと考える消費者は、たとえばアパレル製品などを価格やデザインだけでなく、環境に配慮した商品であるか、衛生的な環境で作られた商品であるかといった部分にまで踏み込んで選ぶようになる。

すると、企業の競争優位の源泉は何になるか。それは、**企業としての信頼**だ。具体的には、「あそこの会社であれば買ってみよう、使ってみよう」「取引しても安心だ」「あそこの会社のビジョンと私の価値観が合う」などと思ってもらえるような信頼やブランドを築けるかどうかである。

これまでも確かにブランドは大事であった。しかし、ブランドはルイ・ヴィトンやエルメス、レクサスといった高級品や、コカ・コーラ、ダヴといった競争の激しい消費財で顧客に選択してもらう商品のためのブランドであった。

しかし、コロナウイルスの登場によって、多くの顧客は見るべきポイントが変わった。自分たちだけが得をすればよいという視点から、中長期の視点、環境や社会的な責任へと目線が向き始めた。したがって、今後は商品ではなく、企業全体をブランドで見る時代がやってくる。いや、既に北欧など環境や社会的な意識が高い国では2～3年ほど前からそ

図16 企業の競争優位の源泉の変化

年 代	背 景	ユーザーの動向	競争優位の源泉
～1980年代	物不足	とにかくほしい	資本力
1990年代～2000年代	・ニーズの多様化 ・インターネットの普及	自分で決めたい	・マーケティング ・ユーザーペインの発見
2010年代	SNSの普及	これがほしかった	シーズやウォンツの創造
2020年代	「ウィズコロナ」から「アフターコロナ」へ	信頼できるのか	ブランド

の時代が訪れてきている。それが「アフターコロナ」で当たり前になり、企業の土台にまでなると考えている。

なお、本書は経営戦略について述べる書籍であるため、細かなブランド戦略論については取り上げていない。しかし、本書の「ＳＤＭＳ」の要素をきちんと網羅し、ステークホルダーに訴えていくことで、企業ブランドは向上すると考えている。

ブランドの本来的な意味

元来、ブランドとは、誰が出品した牛なのかを判断するために押す「刻印」のことを指していた。あの出品者であれば安全だ、取引してもよい、高い値段でも買いたいと思ってもらえれば、世界中で販売できる。これが、本来の意味でのブランドである。

抽象的でわかりにくいと思われる人には、小山田育氏と渡邊デルーカ瞳氏が『ニューヨークのアートディレクターがいま、日本のビジネスリーダーに伝えたいこと』（クロスメディア・パブリッシング）の中で述べている広告とＰＲとブランド（ブランディング）の違いが参考になる。

彼らの説明では、広告とは、企業が消費者に対して、「私はおいしいレストラン！」とアピールすること、ＰＲとは、企業と消費者の間にＰＲが入り、「私を信じて。彼はとってもおいしいレストランなのよ」と言ってもらうことだ。それに対して、ブランディングとは、「あなたっておいしいレストランなのね。一目見てすぐわかったわ」と消費者の側から自発的に認識してもらうことだ。ＰＲや広告は仕掛けがあり、ブランド（ブランディング）とは方向性が異なる。

２０１０年代まで多くの企業が重視していた広告やＰＲはお金で買える。しかし、ブランドはお金では買えない。だからこそ、「アフターコロナ」から差がつく最初の3年間で、商品ブランドだけでなく企業ブランドをも向上させる目線を全企業が持ち、企業全体のブランディングをしなければならない。

図17　ブランディングとPR、広告の違い

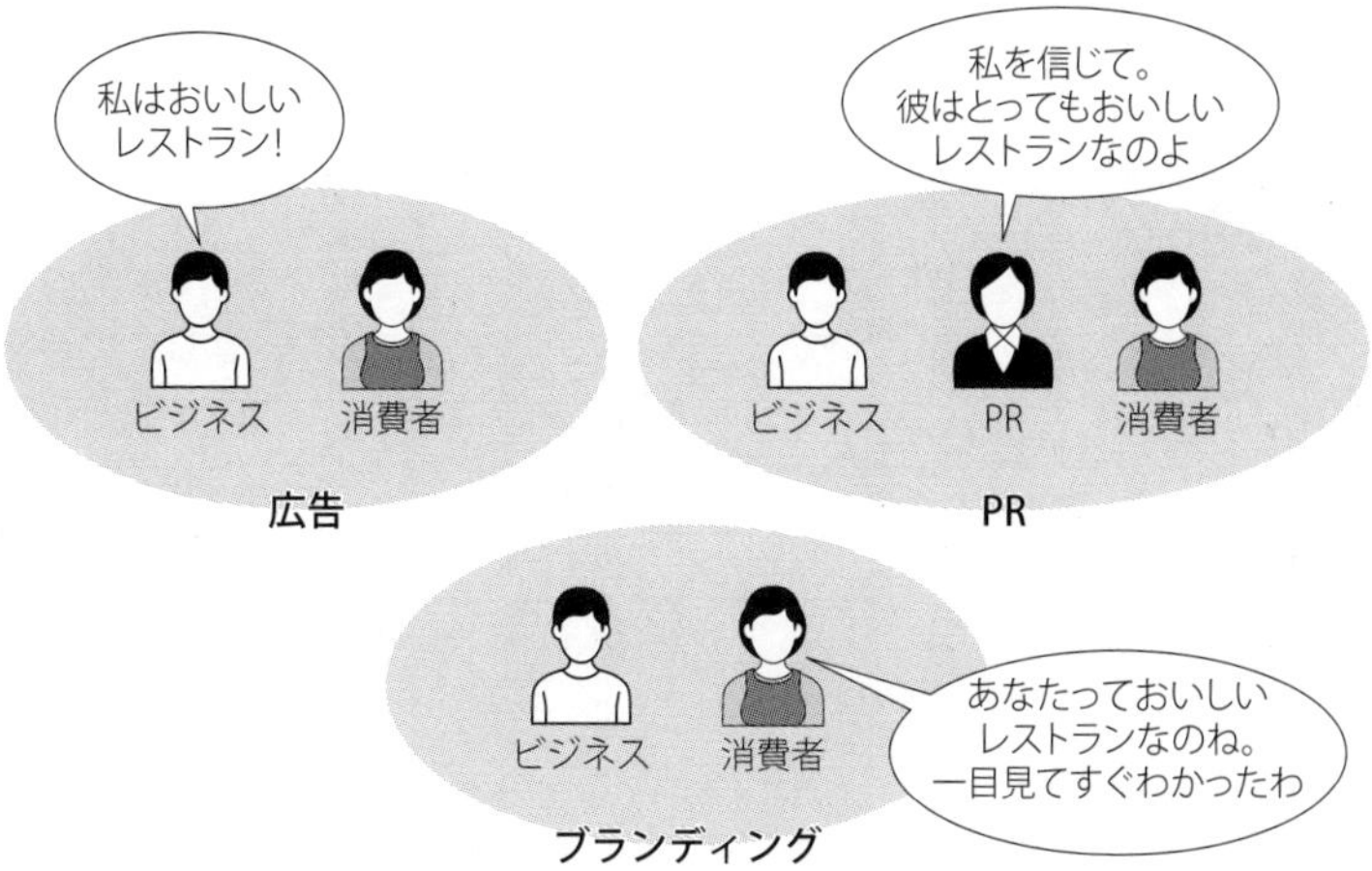

出典：小山田育氏・渡邊デルーカ瞳『ニューヨークのアートディレクターがいま、日本のビジネスリーダーに伝えたいこと』（クロスメディア・パブリッシング）をもとに作成

企業ブランド力が低い日本企業

表8を見ていただきたい。イギリス・インターブランドが発表した2019年度の世界企業ブランドランキングである。上位にはアップルやグーグル、アマゾンなど見知った企業の名前が並ぶ。さらに100位までランキングを見ていくと、日本企業もトヨタ自動車が7位という順位にいるが、ドイツが2社、韓国が7社という結果と比べると、世界の中での日本企業のブランド力は高くない。

注意したいのが、ブランド力を高めたいからといって、ブランディングコンサルティング会社にお金を払えばブランデ

表8　世界企業ブランドランキング2019

1位	Apple	11位	BMW
2位	Google	12位	インテル
3位	Amazon	13位	Facebook
4位	Microsoft	14位	シスコシステムズ
5位	コカ・コーラ	15位	ナイキ
6位	サムスン	16位	ルイ・ヴィトン
7位	トヨタ自動車	17位	オラクル
8位	メルセデス・ベンツ	18位	GE
9位	マクドナルド	19位	SAP
10位	ディズニー	20位	ホンダ

出典：インターブランド「Best Global Brands 2019」

ィングできるとは考えてはいけない点である。むしろ今のユーザーは賢くなっている。露骨なブランディングだと思われれば、SNSで炎上する危険もある。

そうではなく、**自社が今後どうなりたいのか、それはなぜなのか、具体的に何をするのかという3点セットを事あるごとにユーザーに表明し、それを理解してもらうことで、徐々にブランドを高めていくのだ。**

図18は次章以降の業界別の事例においても適宜取り上げるモデルであるが、企業の視点、ユーザーの視点、社会全体の視点という3つの円の中心点が、三者それぞれの価値の向上につながるスイートスポットであり、これがブランディングの始発点であることを指している図である。

本書ではこの考え方を土台において、企業の経営

図18 ブランディングのスタート地点の決め方

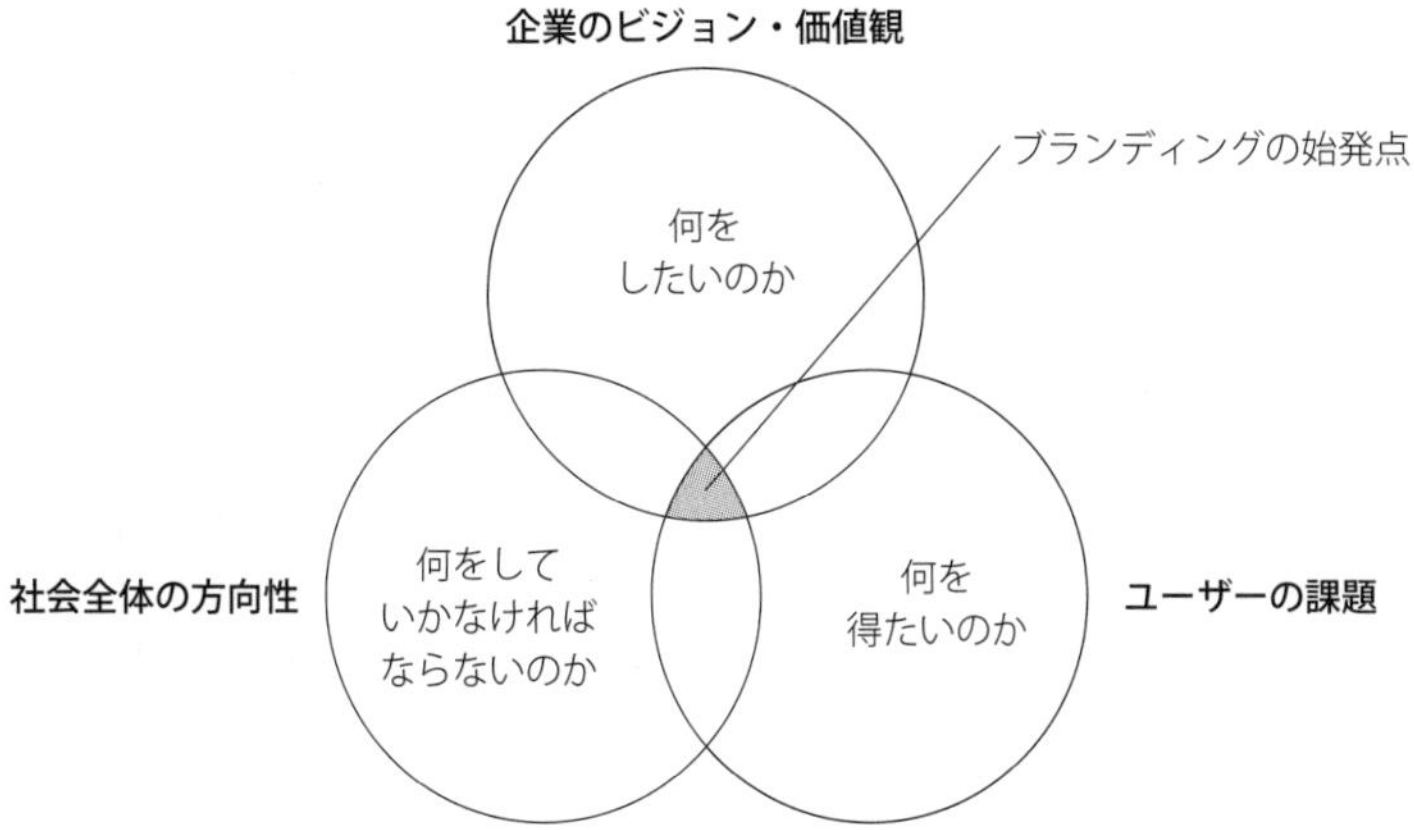

戦略を考えている。したがって、随所に社会やユーザー（消費者）、そして企業という3つの視点を織り交ぜて解説している。

たとえばアイリスオーヤマは、「ウィズコロナ」の中で一気に企業ブランド力を向上させた企業である。同社のビジョン・価値観は、「暮らしを楽にする製品」の提供である。

同社は、コロナ以前も生活家電や暮らしを便利にするような収納グッズなどを提供してきた。しかし、「ウィズコロナ」で「社会全体の方向性」と「ユーザーの課題」が変化した。日本全体が衛生環境の準備が間に合わず、マスクや職場、家の環境整備を課題として捉えるようになったのである。

そして、ユーザーは便利な生活家電だけで

なく、衛生面やマスクの生産、空気清浄機といった製品が手に入らないという課題を抱えた。そこで、これまでの技術を応用し、ウイルスカット機能の高い空気清浄機、マスク、オフィスの自動体温測定装置といったユーザーの課題に応える製品開発に力を入れ、「暮らしを楽にする」製品を提供することで、ブランドを築き上げることに成功したのである。

第6章以下でも具体例を挙げていくが、「アフターコロナ」の世界では顧客、そして社会からの信頼こそが最も価値ある資源となり、企業の土台である競争優位の源泉が資本やマーケティングなどを越えて、ブランドへと移っていく。

まずは図18のモデルを自社で制作し、「SDMSフレームワーク」を活用しながら、自社の企業ブランドの土台とは何か、議論を進めていただきたい。

5-3 短期の視点：サブスクリプション

サブスクリプションの経営戦略への導入

ここからは、「ＳＤＭＳフレームワーク」のそれぞれについて、順に見ていくことにする。最初に取り上げるのは、最初のＳである「**サブスクリプション**（Subscription）」の経営戦略への導入である。サブスクリプションとは、商品・サービスの定期購入を促すこと、およびそれらを実現する施策のことを指す。これについては、ネットフリックスなどの何らかのデジタルサービスを既に契約している人も多いだろう。

今後は、ＩＴ製品だけでなく、すべての企業において経営戦略の中にサブスクリプションを取り入れなければならなくなると筆者は考える。

図19　サブスクリプションが経営戦略に生み出す効果

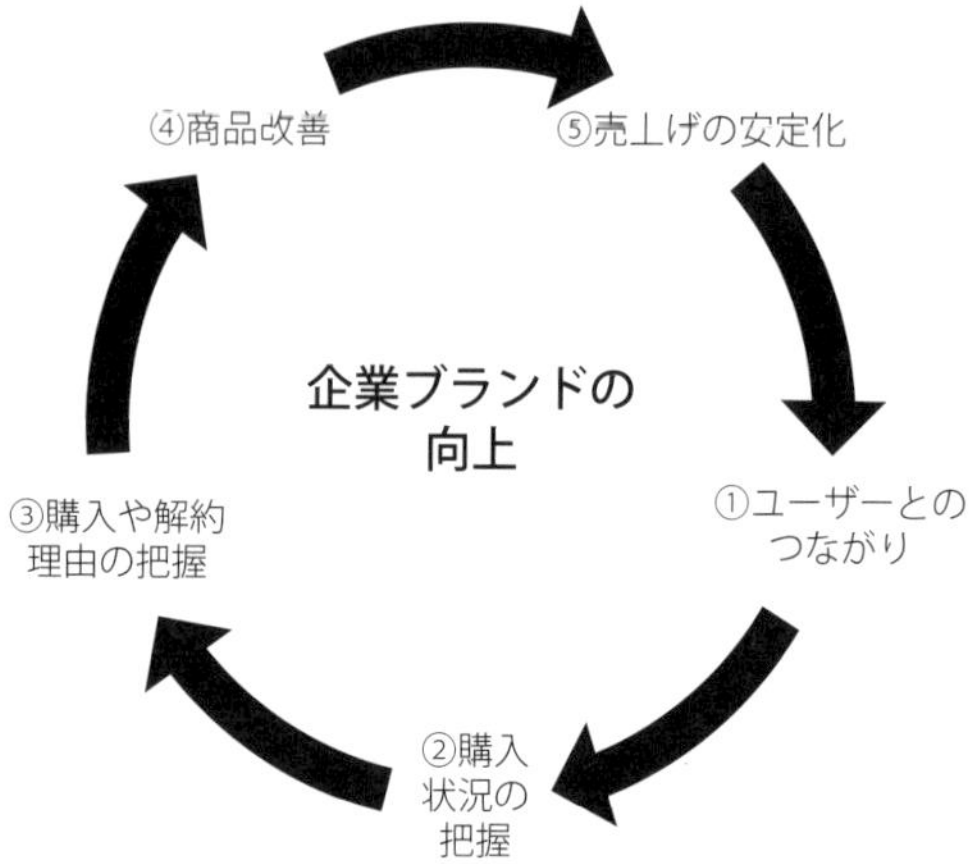

サブスクリプションがもたらす好循環

では、なぜサブスクリプションを経営戦略に取り入れなければならないか。

サブスクリプションは、多くの人たちが議論しているように売上げの安定性をもたらすし、マーケティング投資効率の分析も可能である。だが、利点はそれだけでない。

サブスクリプションによってユーザーとの定期的なつながりを生み、無料登録、有料化、継続、解約という4つのフェーズから、なぜユーザーが商品を購入したのか、逆になぜ解約したのか、なぜ継続してくれているのかに関するデータを集めることができ、その結果から商品を改善させることができる。そして、それらのすべての活動を通じてサービスを改善することで、売上げが上がり、最終的には企業のブランド形成に寄与する、という一連のサイクルが回る。これが、サブスクリプションを経営戦略上採り入れるべき最大のメリットなのである。さらには、売上げの安定性はもちろん、次の投資の源泉となるキャッシュフローを生み出すことから、値下げなどの短期的な価格政策などで価値を損なうリスクが減るメリットもある。

サブスクリプションにおけるシスコシステムズの事例

第3章でシスコシステムズが「ウィズコロナ」で製品販売が減少したものの、サービス部門、特にサブスクリプションであるウェブ会議システムが売上げの減少を補ったことを紹介した。確かに短期的には売上げの安定化という意味でシスコシステムズのウェブ会議システムは貢献する。だが、2~3年の目線で見れば、効果はそれだけではない。

シスコシステムズはウェブ会議システムを通じて、ルーターなどの購買を担当する企業の情報システム担当者とのつながりを強化し、さらにはエンドユーザーである社員との関係性も強化される。「シスコのウェブ会議システムは使いやすい」というユーザーが増加すれば、情報システム担当者の目線も「シスコの製品はユーザーである社員に喜ばれる」

と、その他の製品の販売も増加するかもしれない。また、契約や退会のデータを集めることで、自社のサービスがなぜ利用されているのか、もしくはされていないのかもわかる。

このことは、一度製品を販売すれば、故障やトラブルが起こらない限りユーザーと接することはない従来型のシスコシステムズのビジネスモデルとは大きく異なる。

また、ウェブ会議システムには大量のデータの送受信が必要であるから、そのデータを大量に集めながら、本業であるルーターなどの情報インフラ製品の商品開発に活かすことができるため、製品販売も改善され、トータルで企業ブランドの向上にも大きく貢献している。

このように、サブスクリプションの価値は**単なる売上安定化のためだけではない**のである。

ＩＴ業界以外にも開かれるサブスクリプションモデル

読者の中には、わが社はＩＴ業界ではないから、サブスクリプションは導入できないのではないか、と考える方もいるだろう。

しかし、サブスクリプションはもともとＩＴ業界以外で発展してきたモデルであるため、

ＩＴ業界でなくともサブスクリプションが導入できないことはない。ジムやエステ、英会話教室、料理教室などの多くの自己啓発に関連する業界では、昔からサブスクリプションが前提であった。チケット制になっていて、毎月の月謝や利用料で何回通えるかが決まっており、基本的に解約しなければ契約が継続される仕組みになっている。郵便局などで展開されている地方の名産品のお取り寄せも、同様にサブスクリプションである。健康食品もそうだろう。

これらのサービスの仕組みを、皆さんも一度は利用された経験があるはずで、それらがどのような仕組みになっているのかを研究して、応用すればよいのである。

たとえば小売店であっても、アマゾンが行っている「アマゾン定期便」や「アマゾンパントリー」のような仕組みを導入し、ユーザーが毎月購入する商品を定期的に届けるサービスを行うことでサブスクリプションを開始することは可能だ。

詳しくは第6章でも説明するが、たとえばスーパーやドラッグストアであれば、「アフターコロナ」の世界でユーザーがよく使うような消耗品や消費量の多いシャンプーや石鹼、ハンドソープなどを詰め合わせ、いくらか値引きをして定期配送することはできないだろうか。中堅以上のスーパーやドラッグストアでは自社のＰＢ商品がある。それらのＰＢ商品を詰め合わせて安く販売するやり方もあるだろう。

これらは、特に交通の便がよくないエリア、ＥＣでの配送に時間がかかるエリアなどでは、ブランドの始発点である社会の価値とユーザーの課題も同時に解決する素晴らしいサービスとなる可能性がある。

投資信託をモデルとしたエントリーモデルとしてのサブスクリプション

同様に顧客の購入頻度が低いような業界でもサブスクリプションは導入できる。むしろそういう業界こそ、競合がサブスクリプションを導入していないことから、早期に検討する価値がある。

たとえば、エントリーモデルとしてのサブスクリプションの導入が考えられる。具体的な事例は後ほど詳しく取り上げるが、このエントリーモデルとしてのサブスクリプションは、投資信託ビジネスの仕組みがヒントになる。投資の初心者は個別株式の知識がないし、投資の予算も小さい。であれば、運用会社に一任して、自分の興味のあるテーマで、少額から定期の積み立てで間接的に株式を保有するのが投資信託の仕組みである。

この投資初心者のための投資信託のサービスは、他の業界にも応用できる。たとえば、入館セキュリティ設備を提供している企業が考えられる。今はセンサーとＩｏＴ、非接触型ＩＣの技術が格段に進んでいる。そして、「アフターコロナ」の時代にはいよいよ本格的に５Ｇが普及し始めるようになる。すると、企業は設備のおおかたの稼働率や混雑状況が予測できるし、いつコロナが再発するかわからない以上、非接触型のセキュリティのニーズは増加していくことが予想できる。既に、ビルの入り口で体温が同時に測れるセキュリティシステムは、そのニーズが急拡大している。

しかし、小規模なオフィスだと、そこまでの投資余力がないため、導入してもらうまでのハードルが高い。そこで、初期投資の必要がなく、ユーザーの通過数に応じて、月額の使用料として、サブスクリプションモデルで回収する仕組みを導入するのである。こうすれば、これまで導入をためらっていた不動産会社もシステムを導入しやすくなり、入居する企業からのニーズにも応えやすくなる。

以上のように、「アフターコロナ」の最初の３年間のプランのひとつとして、企業ブランドの向上、ユーザーとの定期的なつながりの形成、そして売上げの安定性という３つの重要な目的から、すべての業界でサブスクリプションを経営戦略に導入することが必須になるだろう。

5-4 中期の視点：デジタル・トランスフォーメーション（DX）

「アフターコロナ」時代のDX

「アフターコロナ」の2～3年の間にサブスクリプションに取り組んだ後、3～5年の間に行わなければならないのが、**デジタル・トランスフォーメーション（DX）**である。

DXとは、ビジネスモデルをフェイス・トゥ・フェイスなどリアル重視の従来型から、デジタルを組み込んだモデルへと転換（トランスフォーム）することを指す。近年では、ITベンチャー企業で既存業界のDXを成し遂げて急成長する企業が多くなってきている。

DXも「ウィズコロナ」前後から話題となりつつある概念であるが、多くの企業のDXはBPR（ビジネス・プロセス・リエンジニアリング）の延長線上としてシステム導入によるの効率化や省人化がメインであり、経営戦略としてDXに成功した企業はほとんど聞かない。

実際に多くの企業が本格的にＤＸの検討を始めるのは、「ウィズコロナ」で思うような事業ができなかったことを踏まえ、「アフターコロナ」からであると考えられる。なぜなら、「ウィズコロナ」によって、ウェブ会議などのオンラインを中心とした活動が定着したことによって、ユーザーは多くの課題や面倒ごとをインターネットもしくは人を介さずに解決するようになり、不必要なリアルでの消費・接触行動を避けるようになるからである。

中国から見えるＤＸの拡大プロセス

読者の中には、ＤＸがどのように自社、そして自社を取り巻く環境をも変えてしまうのかについて悩んでいる人も多いだろう。これについては、既に中国で見られる3つの拡大プロセスが参考になる。

1つ目は、**既存サービスへの需要集中**である。前述のように、中国ではアリババのタオバオや天猫《ティエンマオ》のT-mall、生鮮食品ＥＣの叮咚買菜《ティンドンマイツァイ》など、多くのＥＣサービスの需要が元日から3月の女王の日までに40％近く増加している。アリババは閉店中の飲食店や工場などから人材をシェアリングするサービスを始めたが、現状のままのオペレーションでは人手が足りなくなることが予測できる。

図20　DXの拡大プロセス

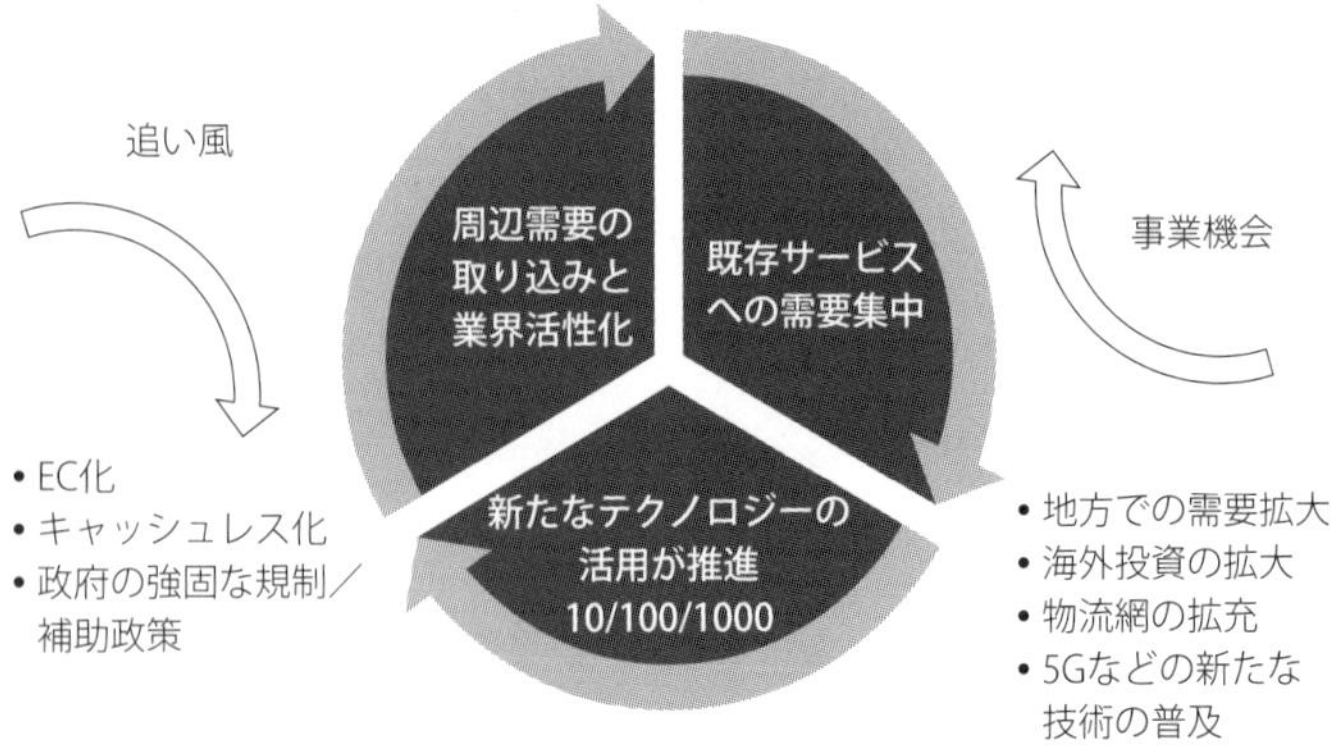

すると2つ目に、**新しいテクノロジーを活用したDX**が登場する。図20に記載した10／100／1000とは、中国流のDXを成功させる秘訣である。やり方は、毎週10人のユーザーに対してアンケートを送り、ニーズや課題を把握する。次に100人のウェイボー（中国版ツイッター）の投稿を確認して、匿名ユーザーの意見を把握する。そして、最後の千人に対してベータ版のサービスをローンチするものである。

たとえばアリババは、ユーザーアンケートからコロナ禍で注文が殺到しており、注文ができない、近くまで届けてくれれば取りに行くというニーズを把握し、AIを活用して地域ごとに特定の集合宅配ボックスまで荷物を送付し、そこから各家庭が集荷して自宅まで持って帰るオペレーションを、まだ特定のエリア限定だがスタートしたと発表している。

３つ目に、このようなテクノロジーとオペレーションの進化によって、**周辺領域へと需要が拡大する**。たとえば、中国では共同購買プラットフォームのピンドゥオドゥオが再成長を遂げている。２０２０年４月中旬までの需要に対して、４月最終週からゴールデンウイークまでは２７２％上昇。その後も30％近い安定的な伸びを示している。同社はアリババがターゲットにする都市部ではなく、郊外や農村部を中心に、何名購入するといくらで買えるという日本でも以前流行ったビジネスを展開している。したがって、同社の課題は、バラバラの地方に個別配送する際のコストであったが、アリババの技術のように、ＡＩでエリアごとの仕分けを適切に行い、共同配送を行うことで、農村部までの共同購買プラットフォームが成立するようになったのである。

ＤＸの拡大プロセスを加速させる2つの要因

さらには、この拡大プロセスを加速させる２つの要因がある。

１つ目は**「アフターコロナ」のもとで「追い風」となる要因**である。具体的には、ＥＣ

化やキャッシュレス化、そして政府の規制や補助政策などが考えられる。中国の事例では、今後オンラインショッピングを国として拡大させる中で、ライブコマース市場の拡大を目指しており、そのための国家資格を2020年に新設すると発表している。このような「アフターコロナ」のもとで追い風となる要因があると、各業界でのDXがさらに加速する。

もうひとつは**事業機会の拡大**である。具体的には、地方創生や海外投資の増加、物流網の拡充、5Gの普及などが今後事業機会として、新たなDXが進む機会となる。中国では、農村部の経済が拡大、ITが進展する中で、オンライン医療サービスが急速に普及している。「丁香医生《ティンシアンイシュン》」は2019年同月に対してユーザー数が198・84%増、「阿里健康《アリヘルス》」も62・94%増となっている。

以上のように、DXが拡大するプロセスには一定のパターンがある。自社の業界が、「アフターコロナ」においてどのパターンにいるのかを理解することで、この先のDXを先読みすることができるだろう。

「アフターコロナ」における無人化ニーズとDX

コンビニでは、アプリ上で決済がすべて完了することで、余計な混雑時間を削減できる無人コンビニの社会実験がスタートしていることは既に述べたが、今後は不要な接触も避けられるという理由から、**無人コンビニの意義が見直される**だろう。中国でも無人コンビニはこれまで数多く実験され、失敗を重ねてきたが、「アフターコロナ」を見据えて、再度見直しが進んでいる。

他にも、コロナウイルス蔓延の中心地だった武漢では、バイドゥの無人運転技術を活用し、各地の病院や居住地へと食料や医療物資を運ぶ無人配送車が導入されている。

日本でも「ウィズコロナ」の時代である2020年5月18日、ギフト領域特化型ECモールの「ギフトモール」にジャフコが15億円の資金調達を行った。ギフトといえば、従来型は店舗で買うか、カタログで買うかが一般的であったが、「ギフトモール」では、100万人以上の購買データにAIを活用し、27万点のギフトの中から最適なギフトを提案できるレコメンドシステムを強みに持つ。店舗であれこれ悩み、定員にヒアリングする必要もない。そのため、「ギフトモール」も「アフターコロナ」において拡大が見込めるビジネスといえるだろう。

このようなDXは、今後ますます進展することはあっても、元に戻ることはないと考えたほうがよい。その意味でDXは「ニューノーマル」となる。

日本企業のＤＸは業務効率化のみ

ここまでＤＸの重要性とともに、それがどのように拡大していくかのプロセスについて見てきた。では、日本企業の現状はどのようになっているのか。

情報処理推進機構（ＩＰＡ）が２０２０年５月14日に発表した『デジタル・トランスフォーメーション（ＤＸ）推進に向けた企業とＩＴ人材の実態調査』では、従業員１００１名以上の大企業では、77・66％の企業がＤＸに取り組んでいるが、全体平均では41・２％となっている。

具体的な成果の状況については図21を見ていただきたい。

ＲＰＡなどの業務効率化で成果が得た企業は38・３％と増加しているが、企業文化や組織マインドの根本的な変革は11・７％。これまで述べてきたビジネスモデル全体のＤＸの成果を出した企業は７・６％にとどまっており、ビジネス全体で成果が出るところまではたどり着いていない。多くの企業で理解はしているが、まだ初期段階なのがＤＸであるといえよう。

だからこそ、ＤＸの正しいプロセスと手法を学び、３〜５年という直近の中期経営計画

図21　DXの成果

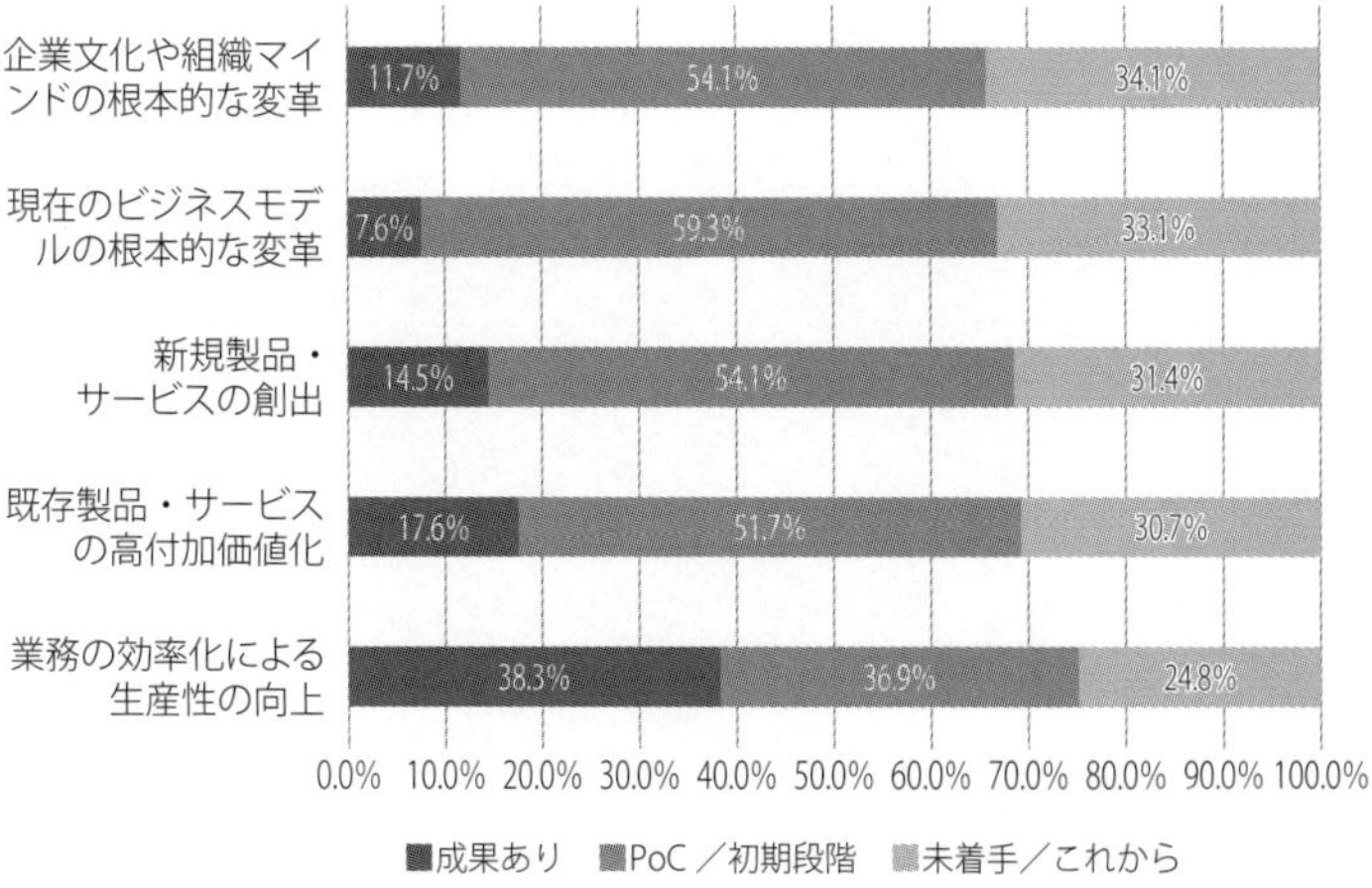

出典：IPA『デジタル・トランスフォーメーション（DX）推進に向けた企業とIT人材の実態調査』

で本腰を入れて取り組まなければならないと筆者は考えている。

では、どのようにDXを成し遂げればよいのか。そしてその際の注意点は何かを次で見ていこう。

DXを推進するための4つのステップ

DXについてはいろいろな解説書があるが、筆者はDXを成し遂げるには、4つのステップがあると考えている。図22を見ていただきたい。

最初のフェーズは**ユーザーの現在の課題の把握・抽出**である。

いくつかの企業からDXについてのコンサルティングの依頼を受けた際、この

図22　DXを推進するための４つのステップ

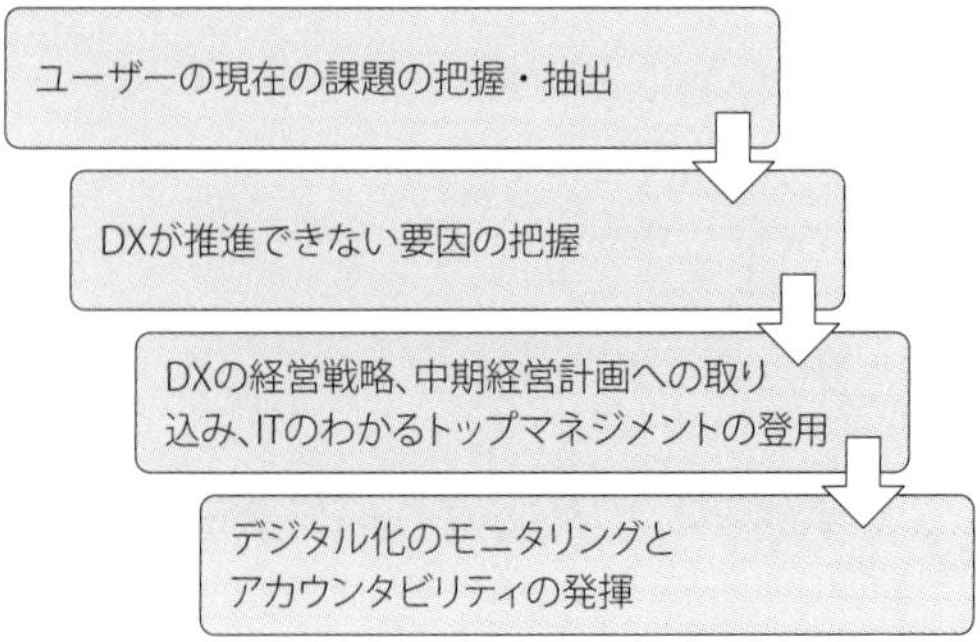

最初のステップを飛ばして、「弊社には優秀なＣＴＯ（最高技術責任者）がいないからエンジニアを採用したいがどうしたらよいか」「ＤＸについて講演してもらいたい」と言われることが多い。

さらにはユーザーの課題を十分理解していないのではないか、と感じたにもかかわらず、既に多額の投資をしてしまっていて、検討プロセスと採算性がまったく合っていない事例もあった。ユーザーの視点で課題を捉えずに、いきなり社内の思い込みだけでスタートしてはユーザーの課題に沿ったＤＸを成し遂げることは難しい。

本章の第2節でも述べたように、「アフターコロナ」はユーザーのニーズや社会が求める価値が大きく変容していくと考えられる。それを踏まえた、「アフターコロナ」に対応する課題を抽出しなければならない。

しかし、これを既存企業は苦手としている。これまでの勝ちパターンや顧客ニーズにこだわってしまうからである。このことは、ハーバード・ビジネススクールのクレイトン・クリステンセンが『イノベーションのジレンマ』（翔泳社）において、1世代前の技術でリーダーだった企業が、次の世代の技術ではリーダーから転げ落ちてしまうと述べた状況とまったく同じである。

このクリステンセンの「イノベーションのジレンマ」の議論は製品イノベーションレベルの話であったが、DXではビジネスモデル全体に対して、重要な影響がある。「イノベーションのジレンマ」が、「**DXのジレンマ**」とでもいえる現象として目の前に現れるのである。

「DXのジレンマ」を防ぐ

「DXのジレンマ」とは筆者の造語だが、DXを行ってしまうと、これまで自社がブラックボックスにし、利益の源泉とされてきたものがオープン化され、利益を獲得しづらくなるため、DXができなくなるジレンマ状態を指す。

たとえば、メーカーの流通経路が多段階構造になっていたものが、資生堂が掲げていたD2CなどのDXによって製品が直接ユーザーに販売されるようになると、本来は店舗などへの中間マージンがなくなるので、最終価格は大幅に安くなるはずである。加えてメーカーは顧客のデータを直接入手できるようになるから、商品改善も進む。

ところが、中間流通を飛ばしてしまうと、特に利益率の高い商品ほど、これまでブラックボックスになっていた価格構造がユーザーに明らかになってしまい、顧客離れを起こす原因となる。化粧品業界だけでなく、印刷業界も回し仕事をしたり、外部発注を行ったりしながら価格をブラックボックス化させて収益を上げてきた面がある。しかしながら、近年ではプリントパックやラクスルといった黒船の印刷通販サービスが価格をオープン化したことで業界構造が一気に変化した。このようなＤＸのジレンマは既存企業にとって大きな足かせとなる。

一方で、ラクスルのようなベンチャー企業からすれば、これまでの流通経路や取引慣行などに縛られることなく、ゼロベースでサービスを開発することができる。だから大日本印刷や凸版印刷などの既存の大企業がＤＸに失敗したのである。既存企業が「ＤＸのジレンマ」の状態にあることこそが、ベンチャー企業にとってはＤＸの推進力となる好事例である。

したがって、既存企業は自社のこれまでの勝ちパターンを捨て、「アフターコロナ」において、ユーザーの課題を捉え直す必要がある。その際、経営者が率先してできれば問題ないが、難しければ既存の主力事業に関連がない傍流のリーダーや外部から人材を登用することも選択肢のひとつである。

表層の課題ではなく組織の内情を踏まえた課題を発見すべき

2番目のフェーズは、**これまでＤＸが推進できていない要因の把握**である。このフェーズも社内で十分に議論・検討されていないことが多い。

デジタル化が起きていない要因というと、「ウェブエンジニアがいない」「経営陣のデジタルリテラシーが低い」「自社の事業はデジタル化できない」といったことが挙げられるが、それだけではない。たとえば、社内でデジタル化を行うことの意義が十分に理解されておらず、デジタル担当部門や事業部門が自前主義になっていたり、他部門については関与しない内向き組織になっていたりして、デジタル化を推進したいとはまったく考えてないことがある。他にも、クリステンセンが『イノベーションのジレンマ』で述べたように、既存の上位顧客が求めていないからという理由や慣習からデジタル化の議論ができていないのかもしれない。

したがって、自社がＤＸを推進できていない要因を表層的に捉えるのではなく、組織内のパワーバランスや日々の業務状況、本業の関与度合いなど、組織内部の実情にまで入り込んで、深く分析する必要がある。

CDOの役割とは？

3番目のフェーズは、**DXの経営戦略、中期経営計画への取り込みと、DXを推進するITのわかるトップマネジメントの登用**である。

第1、第2のステップをクリアしたら、次にDXを具体的に経営戦略に落とし込む作業を行う。その際に、DXの全責任を負わなければならないのが経営トップなのは当然として、ビジネスモデルのデジタル化を経営者とともに担うトップマネジメント、特にCDO（Chief Digital Officer：最高デジタル責任者）を登用し、経営戦略策定の部門と経営陣、そしてCDOが連携して経営戦略を見直すべきである。

海外ではDXの進展とともに、CDOという職種は一般的になってきており、その役割は2010年代後半のデータの分析や保護といった役割から、経営戦略のデジタル化を担当するようになってきている。

一方で国内では、デジタル部門の役割はいまだ生産性向上や職場環境などの目的にとどまっていると、田畑萬氏は『日本企業のデジタル化の成功に向けて：2018年Chief Digital Officer調査』の中で報告している。

逆に捉えれば、日本企業の大半がこのステップまでたどり着いていないということであるから、これを達成すれば、「アフターコロナ」からの数年間で他の企業と大きく差がつくといえよう。

そうはいっても、CDOを任せられる人がいない企業も多いだろう。そんなときには2つ方法がある。ひとつは若手の登用である。CDOだから熟練の経験者である必要はない。変革への情熱があり、エンジニアリングや技術経営のいろはがある人材であれば、むしろ30代、40代の若い人材であるほうがよい。2つ目は、「ウィズコロナ」の時代に、外資系を中心にリストラや部門整理などで優秀な人材が宙に浮いている可能性もあることから、ヘッドハンティングなどを活用して、CDOを積極的に探すやり方である。

このようなやり方も検討して、CDOを任せるに足る適切な人材を探していただきたい。

経営課題としてDXのモニタリングを行う

最後のフェーズは、デジタル化のモニタリングとアカウンタビリティの発揮である。

調査会社のガートナーは２０１９年７月18日の「第４回ＣＤＯサーベイの結果」において、世界的なＣＤＯやＣＡＯ（Chief Analytics Officer：最高分析責任者）に調査を行った結果、自社の成功を財務的に把握・理解していると述べたのは７％にとどまったと報告している。つまり、全社的なデジタル化推進状況のモニタリングやアカウンタビリティといった取り組みは、世界のトップ企業においても、まだ道半ばなのである。

業務がデジタル化したというレベルにおいては、その数値は業務時間などの変数で把握しやすいが、ビジネスモデル自体がどのようにＤＸ化され、それが財務数字に跳ね返るのかというレベルで把握することで、ＤＸを経営戦略に取り込めたのか否かが決まる。これを把握するためには、経営陣がデジタル化の推進をわがことのように捉え、週次の経営会議でモニタリング、適切なフォローアップをすること、そして中期経営計画としてＤＸを掲げ、投資家へのアカウンタビリティを発揮することで強制的にデジタル化推進を行うという2点から推進することが有効である。

以上、少し長くなってしまったが、多くの企業が課題に掲げるＤＸについて、アフターコロナの時代にどのようにすればよいか、解説を行った。

5-5 長期の視点：メタモルフォーゼ

さらなる発展を目指し、メタモルフォーゼに取り組みべき

「アフターコロナ」後の3年間に行うべきサブスクリプションとDXという課題を解決したら、次に取り組むべきは**メタモルフォーゼ**（Metamorphosis）である。

これは、もともと変態という概念、つまり幼虫がさなぎになり、蝶になるという生物学からヒントを受けたものである。他にもダーウィンの「適者生存」という進化論にもヒントを得ている。

企業は生まれてからずっと同じ事業内容で生き残っていくことは難しく、社会変化に応じて、事業内容、主力事業は変化するべきものであることは理解できるだろう。

日本で最も時価総額が高いトヨタ自動車は、もともと1926年に豊田佐吉によって創業された豊田自動織機製作所（現・豊田自動織機）という繊維機械会社の社内に1933

年に開設された自動車部からスタートしたものである。佐吉氏の長男で当時の常務であった豊田喜一郎氏が大学時代から内燃機関の研究を行っており、自動車普及の時代を捉えて事業拡大を狙おうと、繊維機械における鋳造や機械加工などの技術を用いて、新規事業として始まった。当時は自動車事業への進出には社内で賛否両論あったそうだが、巨額の投資を行って、現在のトヨタ自動車を作り上げた。

第2章で事例を紹介したイビデンがビジネスを転換したのは、100年で4回、つまり25年に1回ビジネスをメタモルフォーゼしていくことで生き残ることができた。あの任天堂も、玩具、家庭用ゲーム、そしてスマホゲームを含めた総合エンターテイメント企業として、120年の歴史で3回ビジネスを転換している。つまり変化が比較的遅い、穏やかな競争時代が長く続いたといえる。

しかしながらこれは「ウィズコロナ」時代までの変化スピードであり、今後はこの変化スピードでは立ち行かなくなる。

「アフターコロナ」で始まる、急激な環境変化

ではなぜ、「アフターコロナ」後の7年から10年の間にメタモルフォーゼ、事業の変態

化に取り組まなければならないのか。

この年数はあくまで目安であるが、「アフターコロナ」後の最初の3年と7〜10年後では、大きくユーザーのニーズが変化していたり、新たな環境変化が生じたりする可能性があり、**企業の事業そのものを変化させなければならない**と考えているからである。

第2章で経営戦略としての転地や事業転換の重要性を述べたが、今後はユーザーのニーズも素早く変化することが考えられるし、社会の変化もこれまで以上に早くなる。世の中は「VUCAの時代」、つまり、変動が多く（Volatility）、不確実で（Uncertainty）、複雑で（Complexity）、曖昧なもの（Ambiguity）になっていくといわれている。

2020年6月時点では、自粛ムードの影響でゲーム業界が業績好調であるが、その前までは一時バブル的に儲かったスマホゲーム会社はほとんどの会社が売上規模を縮小していた。これが、コロナウイルスの影響ひとつで急速に好業績企業となっていった。これは、事業の根幹が「不確実」であることを示している。

コロナウイルスのような全産業が影響するような未知の危機が今後も確実に起こり得るし、DXが当たり前のように進んでいけば、デジタル化によって業界ごと消滅するなど、予期せぬ変化がほとんどの業界で起きる。

したがって、ビジネス・トランスフォーメーションを越えて、何を本業としていくのか、という事業の根幹自体を、数年に1回の間隔で行わなければならなくなるのである。

多くの経営者はメタモルフォーゼの経験が少ない

しかしながら多くの会社では、これまで自社の業態を幾度となくメタモルフォーゼして生き残ってきた経験がほとんどない。イビデンでさえ25年間に1回というペースで本業が移ってきたのであるから、ほとんどの人は自身が入社してから定年になるまでに1回経験するかどうかというペースである。

事業転換に関する研究の数は少ないが、筆者がさまざまな企業のケーススタディをもとに、自社の事業を継続的に転換するメタモルフォーゼを起こす確率を上げられると考えているのは、一部のビジョナリーな経営者である場合を除いて、次の4条件のうち3条件以上がそろったときだと考える。

図23を見ていただきたい。これが、メタモルフォーゼが実現されるための4条件である。それぞれ見ていこう。

図23　メタモルフォーゼが実現されるための4条件

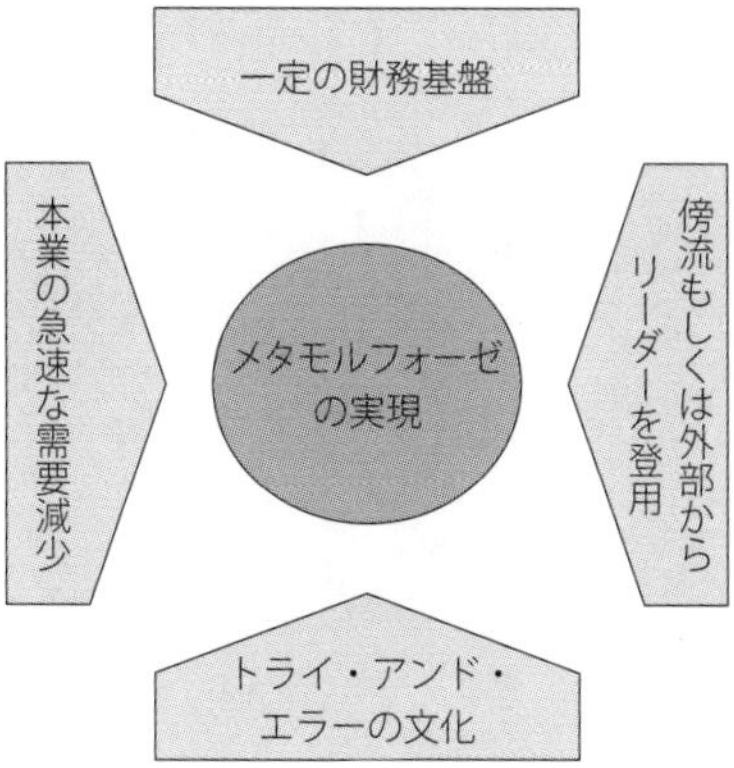

メタモルフォーゼを実現する4条件とは？

メタモルフォーゼを実現する4条件の1つ目は、**本業の急速な需要減少に直面すること**である。メタモルフォーゼをうまく達成した企業を見ると、多くの企業が今後2〜3年以内に自社の本業が急速に縮小していく外部環境に立たされていた。

なぜ、この条件が必要なのかというと、本業が緩やかに縮小していく状態においては、組織がゆでガエル状態になっており、事業内容を見直す決断がされないまま、倒産へと向かっていくためである。特に本業が高収益事業で、その事業が緩やかに縮小している場合には、これがメタモルフォーぜを妨げる足かせになる場合が多い。

たとえば、スマホゲーム各社がこれに該当する。スマホゲーム事業は、「ウィズコロナ」で需要が急回復するまで、ジリジリと売上げが減少していたため、各社は新規事業やM＆Aなど、次の本業を探すための施策を進めていたが、メディア、EC、その他のエンタメサービスなど、ほとんどの事業で失敗している。その理由は、本業が緩やかに縮小していることはわかっているものの、現在も高収益を出しており、その他の事業は、ゲーム事業ほどの収益率を出せないので、全体として収益性が悪くなる事業に投資ができないというジレンマによって、身動きが取れないからである。

確かに第2章で紹介したように、目の前に現れるさらなる優れた事業に飛び移る、「未来創造型」でメタモルフォーゼできるケースもあるため、既存事業が危機的であることは十分条件ではあるが、必要条件ではない。豊田自動織機やヤマト運輸はこのケースに当たる。

しかし、これは事後的にこの戦略が優れていたと判断しているだけであって、当時からすればリスクの高い事業にチャレンジできるオーナー経営者の力や、中興の祖といわれる経営者の優れた判断はその企業独特の要因であり、参考にしづらい。多くの会社ではこのような判断を行う前にゆで上がってしまう。むしろ「ウィズコロナ」で大きく需要減少に陥っている企業こそが、メタモルフォーゼを成功させるためのチャンス下にあるといえる。したがって、本業の急速な需要減少はメタモルフォーゼを実現するための最初のハードルとして重要である。

傍流もしくは外部のリーダーが鍵

メタモルフォーゼを実現する4条件の2つ目は、**傍流もしくは外部からリーダーを登用すること**である。この条件もほとんどのケースで見られた。傍流のリーダーは本業の社員や取引先などとのしがらみが少ない。外部リーダーも同様に外部の視点でフラットにものごとが判断できる。

ヤマト運輸が本業を宅急便に転換することができたのもそうだ。小倉昌男氏は創業家出身であるが、入社後半年で肺結核を患い、4年間の入院生活を余儀なくされる。その後は、静岡県にあった子会社の再建をしていた時代が長く、本社の取締役となったのは入社から13年後、社長となったのは入社から23年後のことである。こうした経験が、本業に縛られることなく、アメリカの最先端のモデルを持ち込めたことにつながっている。

鈴木敏文氏がセブン-イレブンをイトーヨーカ堂の社内ベンチャーとして立ち上げるこ

とができたのも同じような理由からである。彼は、東京出版販売（現・トーハン）からイトーヨーカ堂に、31歳で中途入社した、傍流出身の取締役であった。イトーヨーカ堂社内では大型店舗に対する投資が進んでおり、中小のコンビニは時期尚早と見られていたが、鈴木氏はもしセブン-イレブン事業がうまくいかなければ、自身の持つイトーヨーカ堂株を損失の補塡として売却するという条件でオーナーの伊藤雅俊氏を説得したとされている。

前述の通り、トヨタ自動車を作り上げたのは大学時代から内燃機関を熱心に研究していた豊田喜一郎氏である。

鈴木氏や豊田氏のような未来を切り開く変革は社内の本丸からでは難しい。これまで培った経験や、自身の部下との関係といったしがらみが邪魔をするからである。メタモルフォーゼができていないと嘆く企業から話を聞いてみると、経営者もしくは改革リーダーが本丸の事業責任者だったケースが多く、自分が育て上げた事業に愛着がある人が多い。

図23で「本業の急速な需要減少」と「傍流もしくは外部からリーダーを登用」が向かい合っているのには理由がある。それは、傍流もしくは外部のリーダーの視点から本業の需要減少を見たときにメタモルフォーゼが始まることが多いという意味で、この2つが対になっているためである。

財務基盤の安定は拙速を防ぐ

メタモルフォーゼを実現する4条件の3つ目は、**一定の財務基盤があること**である。本業への投資を抑制しながら、メタモルフォーゼを成し遂げるために他の事業にも投資を行うことは、短期的に売上げの減少および収益性が悪化する恐れがあり、痛みを伴う改革となる。したがって、変革の数年の間を耐えられる財務基盤が必要である。

第1部でキャッシュが重要と述べてきたのは、「アフターコロナ」でメタモルフォーゼを成し遂げなければならない企業が、変革に耐えるための基盤作りを行うためでもあった。「貧すれば鈍する」という言葉があるが、これはメタモルフォーゼの場合にも当てはまる。自社の財務基盤がゆらぎながらだと、変革も本業も中途半端になり、さらに自社の状態を悪化させることになりかねない。

たとえば、GMSのマイカルは2001年に破綻しているが、マイカル桑名はバブル崩壊後にドイツ建て債券や店舗の証券化といった当時最先端のファイナンス手法を駆使して、機関投資家から資金を調達し、大型の再開発を立て続けに行っていた。しかし、本業のGMSの売上げが急速に減少すると、賃貸料などの固定費が重くのしかかり、財務基盤が不安定になっていった。そこに映画館を組み込んだ巨大なマイカルタウンを無秩序かつ大規模な投資で積極的に建築していった結果、最終的にすべての事業が立ち行かなくなり、破綻したのである。

トライ・アンド・エラーの文化がメタモルフォーゼを促進する

メタモルフォーゼを実現する4条件の4つ目は、**トライ・アンド・エラーの文化があること**である。これもほぼすべてのケースで見られた。

メタモルフォーゼを成し遂げるとしても、1つの新規事業が成功する確率が低いことは既に述べた通りである。したがって、1つの事業に全投資を集めるのは戦略的に間違っている。

また、完璧主義の文化がある会社でもメタモルフォーゼを成し遂げることは難しい。複数の事業に分散投資を行い、トライ・アンド・エラーを行うことは投資の基本であるが、こと企業経営においては、そのようになっていないために、新しい芽が出ない、もしくは芽が出てもそれを改善させられないケースが多い。組織にトライ・アンド・エラーの文化があり、小さな事業の芽を少しずつ改善しながら、大きくしていくことが重要なのである。

図24　ミクシィのSNSからゲームへのメタモルフォーゼ

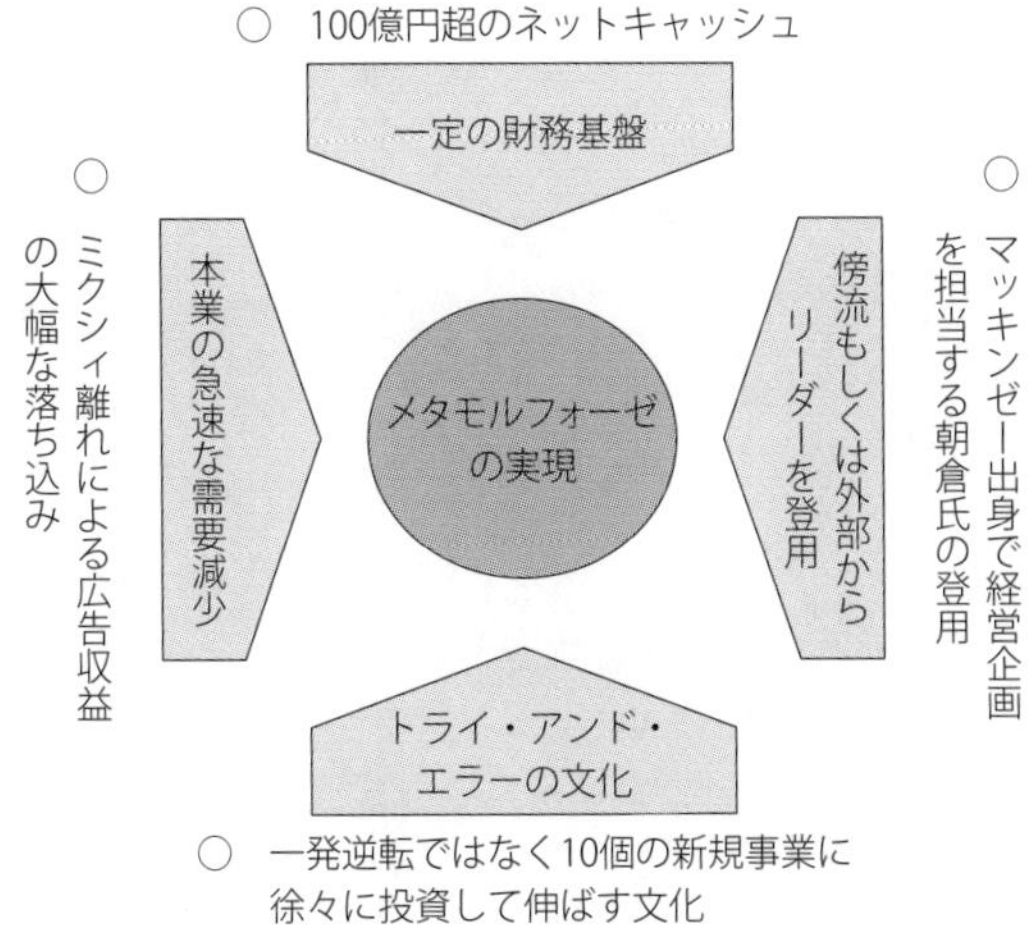
○　100億円超のネットキャッシュ
一定の財務基盤
○　マッキンゼー出身で経営企画を担当する朝倉氏の登用
傍流もしくは外部からリーダーを登用
メタモルフォーゼの実現
○　ミクシィ離れによる広告収益の大幅な落ち込み
本業の急速な需要減少
トライ・アンド・エラーの文化
○　一発逆転ではなく10個の新規事業に徐々に投資して伸ばす文化

ミクシィが実現したメタモルフォーゼ

以上の4つの条件を満たすケースがある。それはミクシィである。図24を見ていただきたい。

ミクシィは匿名性SNSとして急速な成長を成し遂げたが、ツイッターやフェイスブックなどさまざまなSNSの登場によって、売上げが瞬く間に減少していった。

そこでオーナー経営者の笠原健治氏が改革を任せたのが、シニフィアン代表の朝倉祐介氏である。朝倉氏はマッキンゼーを経てミクシィに執行役員経営企画室長として入社した外部リーダーである。彼は改革の方向生を見極める中で、リストラの断行ではなく、ミクシィは本業が急速に縮小しながらも、現預金を１００億円以上貯めていることに注目した。この現預金を活用して、10個の新規事業に10億円ずつ投資するプランで、伸びそうな事業を見つけることができれば、将来の柱を作り上げられると考えたのである。

そこで、マッチングサービスやメディア、ゲーム事業などに投資をし、大きく成功を遂げたのが、大ヒットした「モンスターストライク」を生んだゲーム事業である。

「アフターコロナ」にディップが実現するメタモルフォーゼ

他にも、「アフターコロナ」の世界でメタモルフォーゼを成し遂げようとしている企業があるので紹介しよう。

それは、アルバイト・パート求人掲載サイトとして有名な「バイトル」を運営するディップである。同社は、近年アルバイト求人や派遣サービス、医療系の転職サービスなどで拡大してきた企業である。当時人気アイドルだったＡＫＢ48とコラボするＣＭが話題となり、若者の需要を獲得すると、株価は当時50円だったところから２５００円と40倍以上に上昇した。２０２０年2月期決算情報によると、１９２億円の現預金を保有し、借入金のない、キャッシュリッチ企業である。

そのディップの「2020年2月期 第4四半期及び通期決算説明資料」を読むと、「ウィズコロナ」によって求人広告が2020年4月に27・2％も減少すると見込む中で、総額500億円という投資額で現在積極的に投資を行っているのが、AI＆RPA事業である。同社は、「労働力の総合商社」へとメタモルフォーゼすることを新たに掲げた。その中で、AI＆RPA事業は、人材企業向けのRPA開発およびコンサルティングを行う事業部である。RPAによって人材会社で共通の業務を効率化するための業務効率化サービスを複数展開している。ベトナム最大手のシステム会社の子会社であるFTPソフトウェアとも業務提携を実施しており、今後は5千社へのシステム導入を目指している。さらには、2020年6月に不動産業界向けのRPA開発、同年7月にはコンサルティング事業を本格スタートしている。

AI＆RPA事業は社員数が100名程度と、ディップ社員2千人のうち、わずか5％にすぎない。事業部長は外部から2018年に入社した三浦日出樹氏を筆頭に、直近1～2年以内に中途入社したメンバーが中心となって独立した経営を行っており、権限を大幅に移譲して運営されている。採用サイトを見ても、ITベンチャーやウェブ制作会社、システム会社などからの転職メンバーで構成されているようである。

以上のようにメタモルフォーゼを実現するには、多くのケースで4条件のうち3条件は

表9　メタモルフォーゼの4条件と各社の条件

	本業の急速な需要減少	傍流もしくは外部からリーダーを登用	一定の財務基盤	トライ・アンド・エラーの文化
トヨタ自動車		○	○	○
イビデン	○		○	○
イトーヨーカドー		○	○	○
ヤマト運輸		○	○	○
ミクシィ	○	○	○	○
ディップ	○	○	○	○

最低でも満たす必要があることがわかる。読者の企業でも、「ウィズコロナ」で確保した現預金をもとに、「アフターコロナ」の7年後ぐらいをめどにメタモルフォーゼを実現していくための準備を徐々に進めていただきたい。

5-6 超長期の視点：SDGs

SDGsの視点を取り込む

最後に、「アフターコロナ」後の経営戦略に取り込むべきなのは、**SDGsの視点**である。SDGsについてはご存知の人も多いだろう。SDGsとは、「Sustainable Development Goals」の略で、2015年9月に国連で採択された「持続可能な開発のための2030アジェンダ」にて、2030年までに持続可能でより良い世界を目指す国際目標のことである。もともとSDGsの前に、国連では2000年にミレニアム開発目標、2015年までに解決すべき目標として、極度の貧困や飢餓の撲滅など、8つの目標と21のターゲットを掲げた「MDGs」が採択されており、SDGsはそれを拡大し、さらに先進国も取り組むべき課題として2015年に採択されている。

SDGsには図25の通り、具体的には17のゴール、169のターゲット目標がある。

図25　SDGsの17のゴール

出典：国連開発計画（UNDP）HP「持続可能な開発目標」

ＳＤＧｓについては多くの書籍が出版されており、セミナーやコンサルティングなども広がってきているが、多くの日本企業はＳＤＧｓに対する間違った理解がある。

つまり、ＳＤＧｓをＣＳＲの延長線として捉えている企業がほとんどで、社員の余った時間や資金の中で取り組めばいいと考えている。しかしながら、ＳＤＧｓは「アフターコロナ」において、消費者や社会の価値観が大きく変化する中で、重要視されるようになってきている。環境破壊につながるような事業、労働者を使い捨てるような企業には価値がなくなり、社会課題を事業として解決する企業には資金も消費者も集まる構造へと変わっていく。

したがって、ＳＤＧｓはこれまでのＣＳＲの延長線ではなく、どの企業でも経営戦略の中心に置かなければならなくなるのである。

では、具体的にどのようにすればよいのか。ＳＤＧｓをコロナショックの前から経営戦略に取り込み、推進できている企業の事例を紹介しよう。

ユニリーバが取り組むＳＤＧｓと経営戦略

図26を見ていただきたい。筆者が知る中で最も完成度が高いと考えているユニリーバの

図26　ユニリーバのSDGsモデル

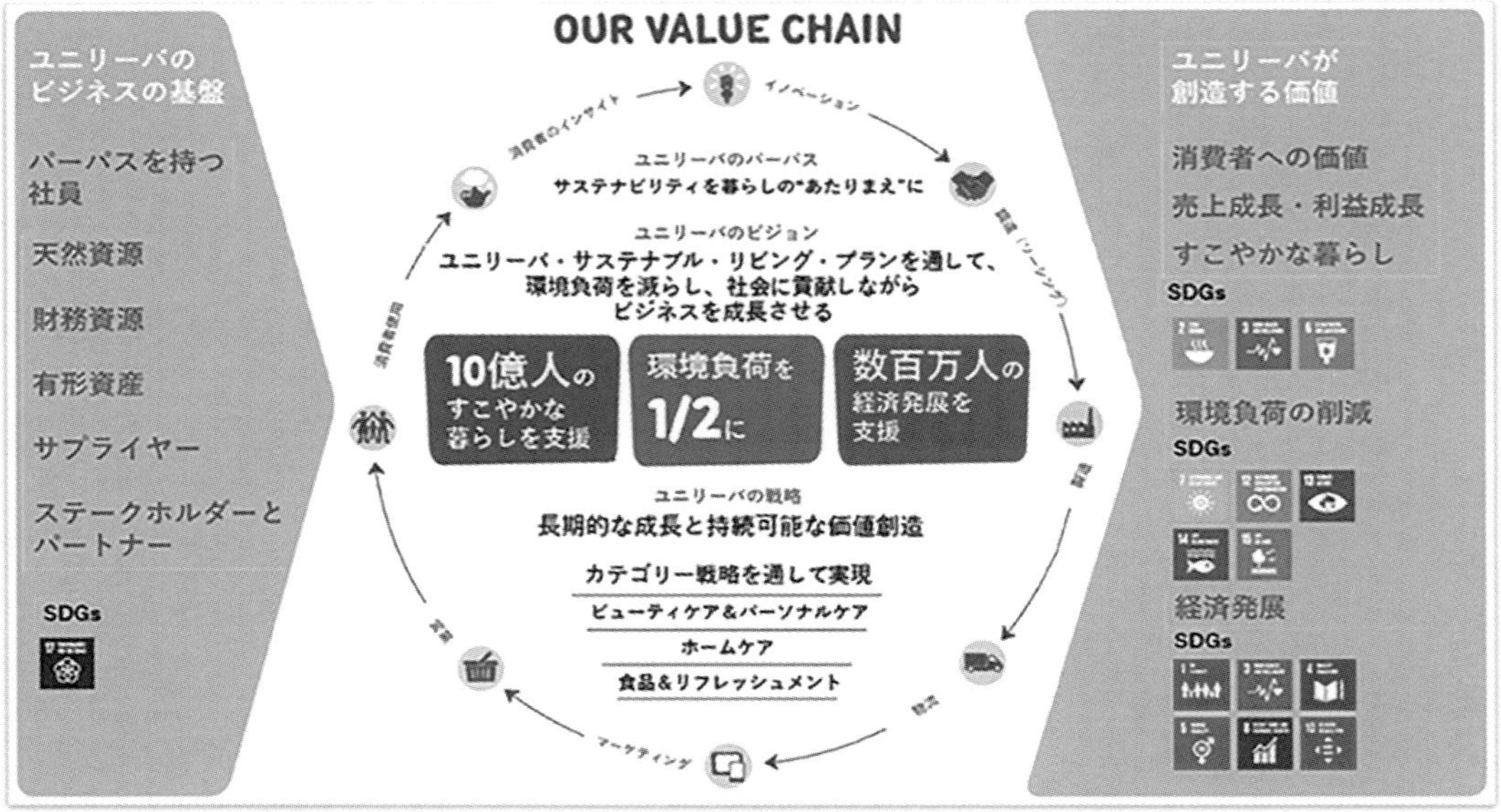

出典：ユニリーバ・ジャパンHP

事例である。ユニリーバは、まず「自社のビジネス基盤」と「ユニリーバの創造する価値」を再定義した上で、自社がSDGsにどのように貢献するのか整理し、ユニリーバのビジョンとしてSDGsと関連する「10億人の健やかな暮らしを支援」「環境負荷を半減する」「数百万人の経済基盤を支援する」という具体的な3つの目標を設定している。さらにはビジョンを実現するためのユニリーバの戦略として、「長期的な成長と価値創造」を行うことを掲げ、それを「ビューティケア&パーソナルケア」「ホームケア」「食品&リフレッシュメント」の事業で達成すると説明している。まさにSDGsが企業のビジョンから経営戦略、そして具体的な戦術まで終始一貫している。

一方で多くの日本企業の決算説明資料やSDGsの報告資料を見ても、SDGsに自社が取り組む課題の抽出をすること、そしてそれをチェックリストのように、1つ1つ細かく何ができていて、何ができていないのかといった粒度で運用しているだけで、ユニリーバのように経営戦略全体を俯瞰して、自社が今後どのように社会と共生してビジネスを行うのかという視点に入り込めていない。この点、企業のCSR活動と誤解されている向きがある。

ユニリーバのように大局的な視点から、SDGsの目標を自社の経営戦略に取り込み、1枚の明快な指針として掲げるべきである。

図27　ダノンのSDGsの３つの視点

出典：ダノンジャパンHP

ＳＤＧｓにおけるダノンの３つの方向性

他にダノンの事例も参考になる。図27を見ていただきたい。ダノンはＳＤＧｓを３つの方向性から組み込むべきだと述べている。

その３つの視点は、「ブランドモデル（ダノンの食品革命を成し遂げるためのブランドを成長させるための手法）」「ビジネスモデル全体」「信頼モデル（顧客とのリレーションシップの構築）」とされている。この３つをあわせると、まさに経営戦略といえる。

ダノンでは具体的に、フードセーフティを担保した製品開発、海洋資源を活用した製品開発、従業員のＳＤＧｓ活動への参画、そして最終的にはパートナーを活用した全世代型のビジネスへと転

表10　SDGsの先進的な企業一覧（順不同）

	企業名	所在国		企業名	所在国
1	ユニリーバ	オランダ	6	キリンビール	日本
2	セールスフォース	アメリカ	7	JTB	日本
3	IKEA	スウェーデン	8	アップル	アメリカ
4	ボーダフォン	イギリス	9	アマゾン	アメリカ
5	ダノン	フランス	10	武田薬品	日本

換していかなければならないと定めている。

表10にＳＤＧｓの取り組みが先進的な企業の一覧をまとめて記載しておく。読者の業界に当てはまらないような企業でもユニリーバやダノンのように優れた企業があるので、参考にしていただきたい。

今後、ＳＤＧｓを頂点にして、サブスクリプション、ＤＸ、メタモルフォーゼと、企業は経営戦略へ取り込んでいく必要があることを述べてきた。「アフターコロナ」の時代において、まだこれらのすべてを成功させている企業はないものの、フェーズごとに成功事例が出てきている。次章以降では、各業界に当てはめて、それぞれのモデルとなる事例を見ていくことにする。

第6章

小売業界から学べる4つのモデルの活かし方

6-1 サブスクリプション：ファッション業界から学ぶサブスクリプションモデル

第5章で提示した「SDMS」フレームワークを軸に、第6章から第8章までは、業界ごとの最新の動向を踏まえながら、「アフターコロナ」において企業の経営戦略上参考になると思われる事例を紹介していくことにする。

第6章では、主に小売業、製造小売業をテーマに、参考となる事例を見ていくことにする。本節では、**ファッション業からサブスクリプションを経営戦略に採り入れるために参考となるポイント**について、3つの事例を紹介する。

子供服のサブスクリプションサービス

まずは、子供服販売の「Rockets Of Awesome」（以下、ロケッツ社）の事例を紹介しよう。同社は、2016年にアメリカで設立されたスタートアップで、子供服のサブスクリプションモデルを展開する企業である。社員数は50人程度であるが、既に4回資金調達を行い、

50億円以上を調達している「アフターコロナ」において注目の企業である。

同社のサービスの特徴は、子供に着せる服にこだわりたい親向けに、定期的なアンケート調査を行い、その結果とサイズに基づいて、年4回定期的に子供服が届くサブスクリプション型のD2Cを展開している点である。好みと季節に合わせたコーディネートが一式そろった形で配達され、各商品は最大25％オフで購入でき、気に入らない商品は着払いで返送することができるため、自宅にいながらにして、自分の子供に着せたい服が選べる。

従来であれば、親は子供に似合う服を選択するためには、実際に店舗に足を運ぶか、サイズが合わないことを覚悟してECで注文しなければならなかった。しかし、このサービスがあれば、自宅にいながら商品を子供に試着させ、気に入った商品だけを購入することができるのである。

このビジネスモデルは、アパレル小売り発のサブスクリプションを経営戦略の真ん中に置いたモデルであり、**DXの事例としても学ぶべき点が多い。**

Rent the Runwayが開いたアパレル×サブスクリプションの世界

実は、このロケッツ社のサブスクリプションモデルに類似する先行サービスもある。それが「Rent the Runway」（以下、レント社）である。同社もアフターコロナで注目のビジネスを展開している。

レント社は、２００９年にハーバード・ビジネススクールの卒業生２名で設立された、アパレルサブスクリプションモデルの先駆者である。資金調達額は５５０億円を超えて、未上場にもかかわらず企業価値が千億円を超える、ユニコーン企業である。

同社は普段遣いしない結婚式やパーティー用のドレスのレンタルサブスクリプションサービスからスタートした企業である。サービスを始めたきっかけは、創業者が数回しか着ないパーティー用のドレスを購入せずに使うことができないかと思ったことである。今では普段遣い用やフォーマル用なども選択できる。

現在のプランは3つあり、一番安価な89ドルのプランで、1カ月に4つのアイテムが届けられるようになっている。事前に好みやサイズなどを登録しておくと、４００人を超えるデザイナーの1万以上のスタイルパターンの中からトレンドと好みに適したものが送られてくる。気に入れば格安に購入することができ、レンタルと小売りの両方の顔を持つ（したがって、厳密には小売業だけではない）。

月額費の89ドルの中に配送料もクリーニング代も含まれており、1カ月経つと新しい服が送られてきて、前の月のものと交換する流れになっている。

「アフターコロナ」においては、ユーザーが店舗購入からオンライン購入へというシフトと、資金面および資源保護（アパレルSPAの大量製造・大量廃棄の問題）の観点から**余計な商品の購買を避けたいというニーズが生まれる**と考えられる。その「アフターコロナ」のニーズを捉えているのがレント社といえよう。

ラクサスの両面サブスクリプションモデル

国内でもアパレル小売りの中に「アフターコロナ」下で注目すべき企業がある。それがラクサス・テクノロジーズ社である。同社は2006年創業の年間売上げ15億円の企業で、ブランドバッグのレンタルサブスクリプションサービスを展開している。

同社の特徴は、57のブランドバッグが6800円で借り放題になる点である。現在では、アプリのダウンロード数が75万回、会員数は32万人を超え、講談社の2020年3月調査では国内シェアリングサービスの利用率ナンバーワンとなっている。

バッグはブランド名だけでなく、シーンやその日の気分でも検索できるようになっており、他社のサービスと比べて、より女性ユーザーの気持ちに添った検索が可能である。また、ユーザーの位置情報をもとに、現在どのような活動を行っているかを推測し、それに応じてレコメンドするブランドを変化させる技術も備えている。

ラクサスが先の2社と異なり、「アフターコロナ」でより競争力を持つと考えるポイントは他にもある。それは、ユーザーが自身の持つブランドバッグをラクサス側に貸し出し、それによって人気のバッグであれば1個当たり最大年間2万4千円を受け取れるサービスがある点である。つまり、**貸出側のユーザーもサブスクリプションで稼ぐことができる**のである。実際に、ラクサスがレンタル希望者に貸し出しているバッグのうち、ユーザーから預かったものの比率は、30％以上にもなる。

「アフターコロナ」で、お金をかけずにおしゃれを楽しみたいユーザーと、自身の使わないバッグを貸し出すことでお金を得たいユーザーにとって、同社のサービスは今後さらに普及すると考えられる。

小売りサブスクリプション企業の事例から学べること

ここまで3社のサブスクリプションモデルの事例を見てきたが、読者が経営戦略上学べることは2つある。

1点目に、**自社の業界の中で、利用頻度が少ないにもかかわらず一定の投資が必要なサ**

ービスをサブスクリプションモデルによって提供することで、ユーザーとの接点を作りながら、自社の事業を成長させることができることがわかる。

2点目に、ラクサス社の事例のように、**ユーザーがサービスを受けるだけでなく、サブスクリプションの中に、提供者としても参加できるシェアリングエコノミーの仕組みも同時に取り入れる戦略もあり得る**ことがわかる。カーシェアやAirbnbなど、シェアリングエコノミーの大半は「1回いくら」という利用方法が多く、実際には単なるレンタルサービスにすぎず、サブスクリプションになりきれていないことが多い。一方で、サブスクリプションとして継続的に利用しながらも、シェアリングエコノミーによってユーザーも参加できるラクサス社の事例は、アパレル以外にも、子供のおもちゃや自転車、書籍、産業用機械などさまざまな業界で応用することができるだろう。

6-2 DX：「ニューリテール」は広がるか？

中国最大のニューリテール

次に、DXの事例について見ていきたい。

第5章でも中国で無人飲食店舗や無人コンビニが見直される流れができてきたと解説したが、これらの業態は現在、「**ニューリテール**」として世界中で注目を浴びている。「アフターコロナ」において、この流れが日本でも根付くのかについて見ていこう。

中国にはいくつかのニューリテールの業態があるが、最大のものはアリババが提供するOMO（Online Merges with Offline）サービス、フーマーである。フーマーには郊外型、都市型などいくつかの業態があるが、「アフターコロナ」で注目が集まったのは、フーマー・フレッシュと呼ばれる旗艦業態である。

フーマー・フレッシュは、現在中国全土21都市で154店舗を運営しており、生鮮食品だけでなく新鮮なシーフードなどを豊富に扱う高級価格帯の業態である。

フーマーのOMOの特徴

フーマーに共通する特徴として、**店舗自体がショーケースであり、在庫拠点になっている**ことが挙げられる。フーマーはECの専用アプリで注文と決済を行うようになっているため、自宅で注文することもできるし、店舗を回りながら、気になる商品の3次元バーコードを読み取り、商品に追加することもできる。決済は必ず専用のアプリから行うことになっており、アリババのアリペイを使うことになる。

商品を購入すると、3キロ圏内であればピッキングに10分、バイクでの配達に20分と、30分で届けるサービスを行っており、待っていればその場で新鮮な食品を調理済みのものにしての配送も可能である。

アリババの発表によれば、最初は店舗で実際の商品を見て購入していたユーザーも、フーマーのサービスに慣れてくると自宅からお気に入りの商品を注文するようになっていく。今ではすべての注文のうち既に60％がEC経由からの注文になっているという。

フーマー・フレッシュは都市型の高級価格帯の業態の割に店舗数が増えすぎたこともあ

り、2019年は店舗閉店があったが、コロナウイルス蔓延の中でも、家から新鮮な食品をわずか30分で購入することができるとして、その利便性が見直されている。

さらに、「ウィズコロナ」禍では、急速な消費意欲回復でさらなる成長のチャンスを見つけている。たとえば、武漢のある湖北省の名産品のひとつであるザリガニを購入し、湖北省を救おうというキャンペーンの一環として、4月1日に152億円分のザリガニを購入し、5月の連休で販売したところ、一瞬で完売した。

感染拡大が落ち着いてきた5月1日からの3日間のフーマーの売上高は40％近く上昇したと、アリババが発表した「アリババ2020年メーデー連休消費外出トレンド報告」の中で報告されている。

中国の調査会社Trustdataによると、2019年に平均使用時間が1日9分だった生鮮食品スーパーアプリ（アリババのフーマーやJD.comの京東到家《ジンドンダオジャー》など）の使用時間は、2020年3月にはそれまでよりも50％拡大し、1日13・8分にまでなったという。利用者は一線都市と新一線都市（上海、北京、深セン、広州など大都市とその他15都市）のユーザーが2％上昇して50・8％、二線都市（大連、厦門《アモイ》など30都市）のユーザーが35・3％となっている。つまり、都市部と準都市部に集中しているのである。

日本でOMOが普及しないと考える2つの理由

以上を見ていくと、日本ではOMOが急速に普及することは当分の間ないのではないかと考えられる。その要因は2つある。

1つ目に、**立地の問題**である。中国は上海など大都市圏においてもフーマーのような巨大なスーパーがいくつも見られるが、日本においては東京や大阪の中心部でもなかなかお目にかからない。スーパーのサイズ／在庫の問題と、配送距離の問題を考えると、OMOは一部の都市型スーパーもしくは郊外の大規模ショッピングモール内のエリアなどに大きく限定されると考えられる。日本でも置き配などが広がってきているが、郊外からバイクで1時間程度で到着するエリアだとやはり配達エリアは限定されるだろう。ただし、アマゾンのプライムナウのように最短2時間というサービスレベルであれば、既にスーパーのライフ社がサービスを展開しており、場所と時間を限定すれば実現可能性はある。

2点目に**ユーザー側の要因**がある。日本では2020年5月時点で生鮮食品をインターネットで購入したいユーザーは、第3章の図9で示したように、わずか6%ほどにとどまっている。キャッシュレスとECが中国ほど普及していない日本において、人々が生鮮食品をＥＣで買うようになるにはもう少し時間がかかると思われる。ウーバーイーツや出前館など、既にメニューが確定した商品は注文しやすいが、生鮮食品を購入するにはまだハードルがあることがこのデータからも明らかである。

したがって、日本においてフーマーのようなＯＭＯサービスが普及するとしても、まずは大都市部に限定した話だろう。

中国の無人コンビニの事情

次に、無人コンビニの普及についてはどうか。

中国では、Easy Goが無人コンビニの先行企業である。ＱＲコードで入店し、商品を持ったまま指定のブースの中に入ると、アリペイで自動決済することができる。

同社の発表によると、平均的な1店舗当たりの商品点数は５００点で、平均顧客単価は４００円程度、粗利率は35％程度である。しかし、杜撰《ずさん》な店舗管理とＲＦＩＤタグを活用したシステムのため、ブース内での決済に30秒から1分ほど時間がかかることから、急いでいるときには既存のコンビニと変わらず、そうではないときにはフーマーで購入したほうが便利だとユーザーが感じてしまった結果、現状では売上減少による大幅な赤字が続いている。

また、同業でLePickを運営するCloudPick Technologyは、アマゾン・ゴーと同様のＡＩを活用した無人コンビニを、２０１８年末に開業した上海虹橋《ホンチャオ》国際空港にオープンしたものの、まだ多店舗展開には至っていない。

これらの事例を見ると、中国での無人コンビニの普及は当分の間は実現しないと思うかもしれない。一方で中国のeNet研究院の調査では、２０１９年度のニューリテールの潜在力ランキングでは20位にランクインしており、今後の戦略次第では成長することも考えられる。

日本ではTOUCH TO GOの無人コンビニが普及する

この無人コンビニについては、ＪＲ東日本とサインポスト社の合弁企業であるTOUCH TO GO社が展開するTOUCH TO GOという無人コンビニが日本では根付く可能性が高いと考えている。図28にＤＸを推進するためのステップとTOUCH TO GO社の事例をあわせたものを記載したが、同社はすべてクリアしているといえる。

そもそもサインポスト社は8年も前からコンビニのレジ混雑の問題を研究し、無人ＡＩ

図28　TOUCH TO GO社のDX

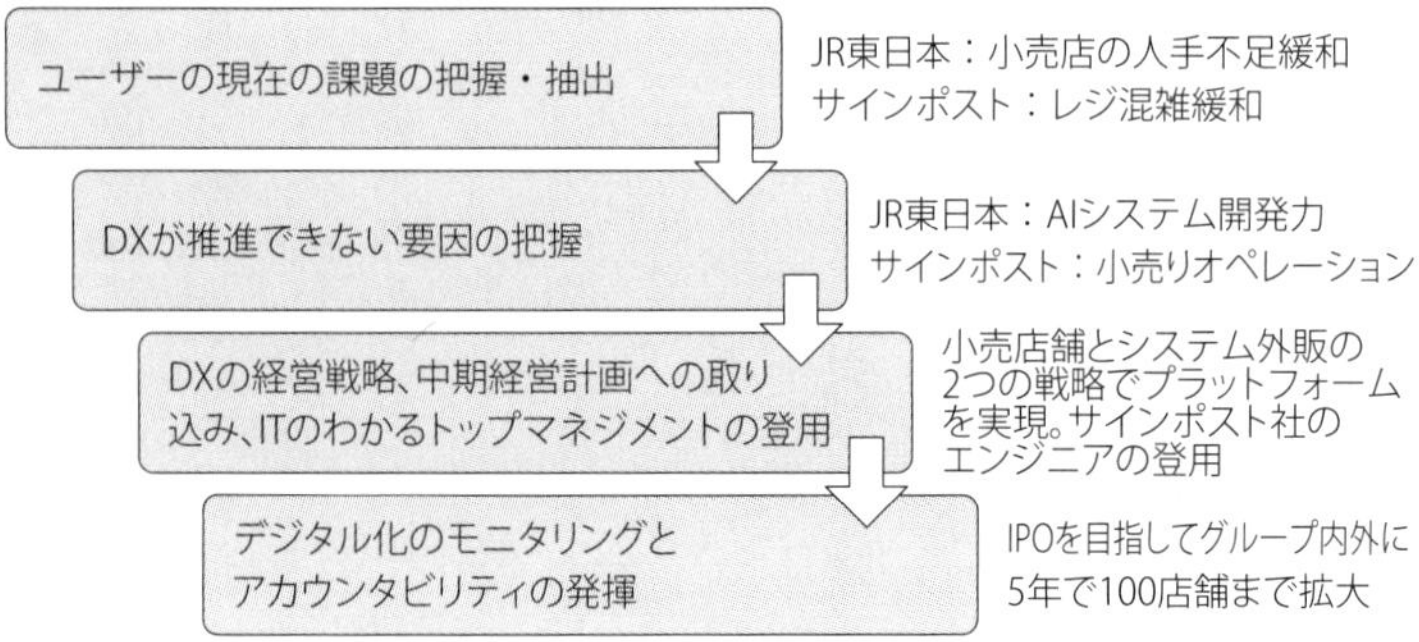
ユーザーの現在の課題の把握・抽出
JR東日本：小売店の人手不足緩和
サインポスト：レジ混雑緩和
DXが推進できない要因の把握
JR東日本：AIシステム開発力
サインポスト：小売りオペレーション
DXの経営戦略、中期経営計画への取り込み、ITのわかるトップマネジメントの登用
小売店舗とシステム外販の2つの戦略でプラットフォームを実現。サインポスト社のエンジニアの登用
デジタル化のモニタリングとアカウンタビリティの発揮
IPOを目指してグループ内外に5年で100店舗まで拡大

決済システム「スーパーワンダーレジ」を展開していたが、まだ店舗での実用的なサービスを提供できていなかった。一方で、ＪＲ東日本側はＪＲグループの内外問わず人手不足に悩む企業向けの小売りシステムを提供しようとしていたが、その開発力に課題があった。両社はユーザーの課題を理解していながら、それぞれでは解決策を持ち合わせていなかったのである。

そこで両社は、合弁会社にて開発をスタートした。合弁会社としたのは、ＪＲ東日本だけでは規模が大き過ぎ、他方で協業ではスピード感が出せないからである。両社はサインポスト社からエンジニアを7名、ＪＲ側から小売りのエキスパートを1名、そして新規に採用を行ってチーム編成を行った。代表に就いたのは、ＪＲ東日本の中でコンビニやJRE Pointの企画運営を経て、ＪＲ東日本スタートアップへと出向し、スタートアップとの連携に注力してきた阿久津智紀氏である。

TOUCH TO GO社には、直営店舗の運営ノウハウを積んだ後、グループ内外問わず5年で100店舗ほどのシステム提供を行い、システム受注およびオペレーション管理での受注によって売上げを上げ、IPOを目指すという明確な経営戦略がある。また、グループ内からのバックアップもある。すべての要素をうまく満たした、DXのお手本ともいえる事例である。

コロナウイルス対策としても実用性が高く、中国よりもコンビニのサービス内容が複雑で混雑が起きやすい日本において、「アフターコロナ」の時代にTOUCH TO GOのニーズは大きく拡大するだろう。

OMOと無人コンビニの事例から学べること

ここまでOMOと無人コンビニの事例を見てきた。この事例から読者が経営戦略上学べると考えるのは、TOUCH TO GOが活用した**オープン・イノベーションの手法**である。

ベンチャー企業であるサインポスト社はオペレーションに関する知見がなく、一方でJR東日本ではAI技術やスピード感のある事業展開に課題があった。そこで、両社はそれぞれの得意分野を持ち寄り、合弁会社として展開することで、スピード感のあるDXを実現することができた。

以上のように、大企業はスピード感やテクノロジーの知見に、ベンチャー企業や中小企業はブランド力やオペレーション能力、資金力に課題を抱えていることが多い。読者の企業においても、自社単独でＤＸを完結するのではなく、苦手分野については、それが得意な企業と組むことも選択肢のひとつである。これにより、経営戦略を立て直す視点が取り入れられ、戦略の柔軟性が増すだろう。

6-3 メタモルフォーゼ：「コンビニエンス」でなくなったコンビニの未来

セイコーマートの成功事例

前節にて、「アフターコロナ」におけるＤＸとして、ＯＭＯは日本では急速には普及しないのではないかという指摘と、コンビニについては無人コンビニが普及するのではないかという2つの指摘を行った。

これらを踏まえると、店舗数が昨年はじめて減少したコンビニ各社は、「アフターコロナ」の世界でどのような事業展開を行えばよいだろうか。

真っ先に考えられるのは、地域密着を重視して、地域ごとの特徴に合わせた店舗展開を行うことである。この方向性で成功しているのが、北海道のコンビニチェーン、セイコーマートである。

セイコーマートは、１９７１年に日本で最初にコンビニチェーンを始めたといわれる企業のひとつで、コンビニチェーンの中でも4年連続顧客満足度ナンバーワンを達成している。コンビニではあるが1店舗当たりの規模が大きく、店内で調理した総菜やお弁当の販売を行ったり、多くのコンビニが販売しているおでんなどは販売せず、代わりに地元の商品を多数仕入れたり、北海道ブランドを利用したPB商品を展開するなど、地域密着型の店舗運営によって他のコンビニチェーンとの差別化を図り、今では1100店舗以上を運営するまでになっている。

それならば、他のコンビニチェーンもこの地域密着型の戦略を真似すればよいのではないかと思うかもしれないが、この戦略は規模の経済（規模が拡大することによって単位当たりコストが下がる状態）を重視する大手のコンビニチェーンでは採用しにくい。そこで、大手のコンビニチェーンが別の事業へとメタモルフォーゼをする場合には地域密着ではなく、次の2つの方向性があると考える。

アプリとECを活用して広告モデルで稼ぐ方法

ここでは、業界最大手のセブン-イレブンを例に考えよう。

セブン&アイ・ホールディングスが開示している2020年2月末の決算説明資料によ

れば、既存店の売上げは0・2％増と伸び悩んでいることがわかる。セブン-イレブンの月次営業情報を見ると、19年3月から20年5月までの間で客数が前年同月比を上回ったのは19年9月のみで、それ以外は前年割れが続いている。これはセブン-イレブンだけに起きている事象ではなく、ファミリーマートも同様に、19年3月から20年5月までの間で一度も前年対比で客数が増加していないのである。

一方で客単価は高単価商品が増えており継続的に前年同月比で上昇している。また、退店と新規出店が増加したことから売上高と粗利率は上昇しているが、昨年行われた各種スマホ決済サービスのポイント還元があったことを加味すると、コロナ前からユーザー獲得という意味では岐路に立たされていたといえる。しかし、スーパーとの価格の差別化、無人コンビニのような簡易的なサービスが普及すると、高価格製品の投入だけで売上げを維持することは難しくなり、販管費のコントロールや出店規制だけではいつの日か限界がくる。

そこで1つ目のメタモルフォーゼとして、これまでの店舗での商品販売をメインの柱とするビジネスモデルから、**各社のスマホアプリやネットスーパー内での商品広告ビジネスを強化し、リアル店舗での訴求とスマホ上で広告ができる業態へのハイブリッドモデルになること**が考えられる。具体的には、LINEのように自社のスマホアプリや7iDを軸

図29　セブン-イレブンの広告事業へのメタモルフォーゼ

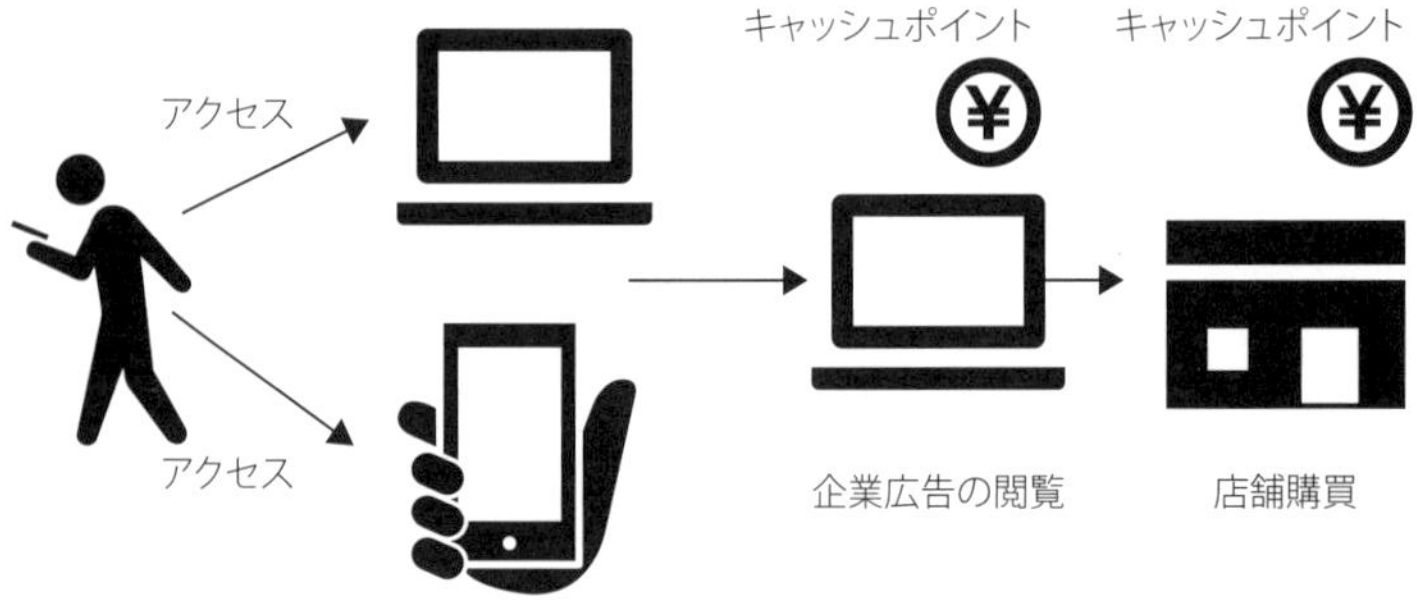

に、それらを商品検索や決済として活用するのに加えて、広告配信プラットフォームとしてコンビニを捉える戦略である。図29にこれらのサービスについての概念図を記載した。

これはセブン&アイ・ホールディングスが掲げる、デジタル・金融戦略にも合致する。同社の決算説明資料を読むと、金融戦略としてクレジットカードやナナコモバイルの強化、デジタル戦略としてビーコンを活用したクーポン配信を掲げている。

この考え方をもう1段階革新し、セブン-イレブンの公式アプリやナナコモバイル、ネットスーパーサービス内で他社のネット広告や動画広告を配信するのだ。セブン-イレブンの公式アプリだけでもダウンロード数は1200万を超えており、この数は8200万人いるLINEの15%にものぼる。また、セブン-イレブンアプリの会員は、特に30代以上のユーザーが多いことがわかっており、メーカーにとってはＬＩＮＥ以上にターゲットを絞った広告を配信できる。

公式アプリなどをこのようなビジネスモデルに転換することで、ユーザー側からだけでなくネット広告を出稿するメーカー側からもお金を取ることができ、収益性は拡大する。

営業戦略としても、テレビＣＭもＳＮＳ広告も売れにくくなって商材に困っている広告代理店を活用すれば、この配信プラットフォームの販促は容易である。

身近であることを利用した小口ファイナンス

２つ目のメタモルフォーゼは、**小口のファイナンスに進出すること**である。これについて参考になるのは丸井グループである。丸井グループは創業以来、金融と小売り一体のビジネスを展開。２００６年にエポスカードを発行して以降、金融事業が小売りを推し進めてきた。

図30を見ていただきたい。丸井グループの２０２０年3月期第2四半期決算説明資料である。これによると、マルイのエポスカードが目指しているのは、口座振替となっている家賃の支払いや通信費、水道光熱費、貯蓄などを独自のクレジットカードで流動化し、それによって手数料収入を積み上げることである。

図30　マルイグループの家計シェア最大化の状況

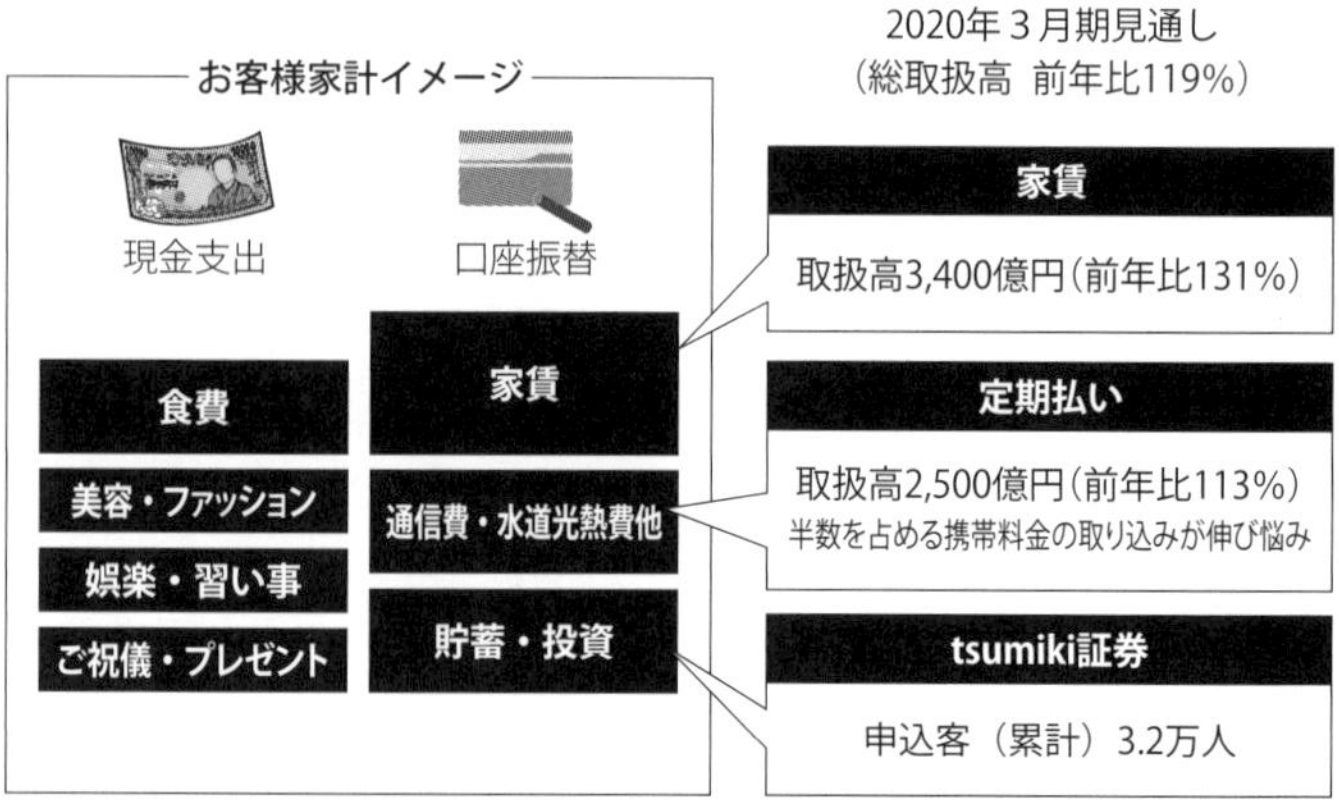

出典：株式会社丸井グループ「2020年３月期 第２四半期決算説明と今後の展望」

この戦略は、マルイよりも店舗数が圧倒的に多く、さらには既に店舗でのスマホ決済、請求書払い、ＡＴＭ振込みなどに対応できているセブン-イレブンでも採用できる。

他にも後払いサービスなどの小口ファイナンスによって、図30の左側にある現金支出の部分についても獲得できる見込みがある。セブン銀行では一部キャッシングなどを行っているが、まだ丸井のような小口ファイナンスは大きく成長していない。

これらを行う上で、セブン-イレブンとしては第5章で解説したように、メタモルフォーゼを成し遂げるための4条件のうちいくつかを満たす必要があると考える。

図31を見ていただきたい。セブン&アイ・ホールディングス自体には資金面には問題

図31 セブン&アイグループがコンビニのメタモルフォーゼを成し遂げるための条件

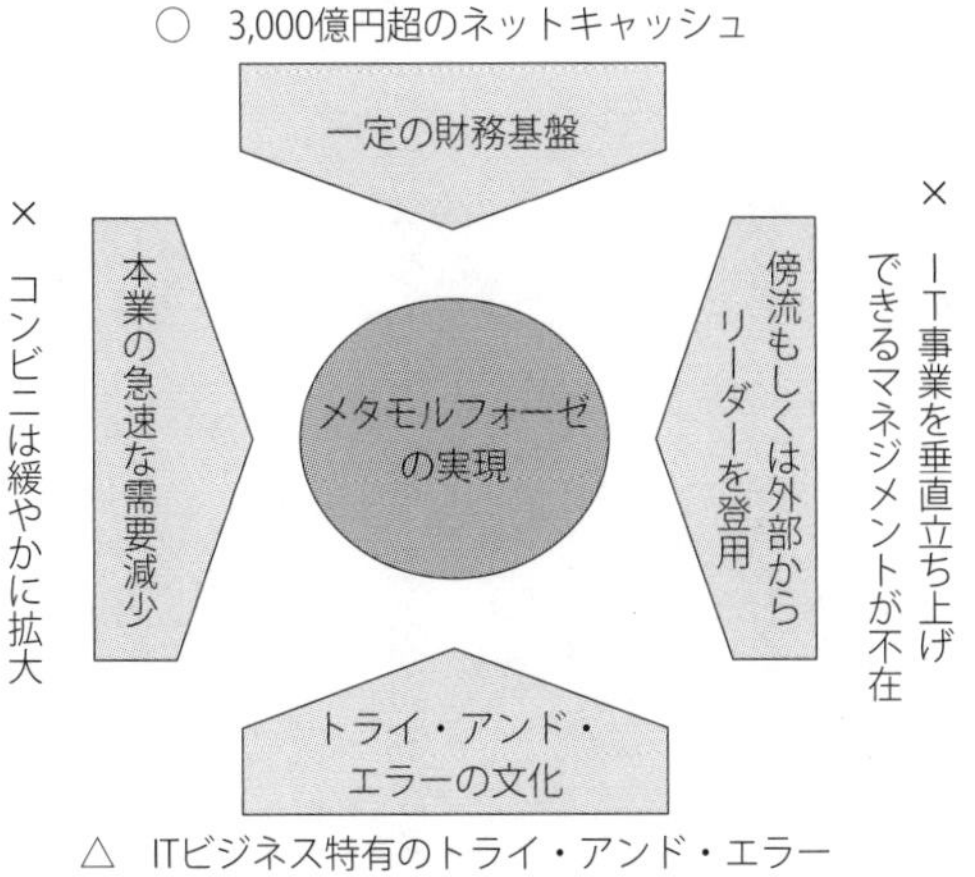
○ 3,000億円超のネットキャッシュ
一定の財務基盤
× コンビニは緩やかに拡大
本業の急速な需要減少
メタモルフォーゼの実現
傍流もしくは外部からリーダーを登用
× IT事業を垂直立ち上げできるマネジメントが不在
トライ・アンド・エラーの文化
△ ITビジネス特有のトライ・アンド・エラー

がないものの、「需要の急速な減少」に直面していない以上、メタモルフォーゼを成功させるためには、「傍流もしくは外部からリーダーを登用」「トライ・アンド・エラー」という条件を満たす必要があると考えられる。

まず、「傍流もしくは外部からリーダーを登用」について見てみよう。セブンペイの後手後手の対応と早期撤退を見ると、セブン-イレブンには、純粋なITビジネスを立ち上げられる人材がいないと推測できる。そのため、傍流のリーダーもしくは外部からこの事業を任せられるIT、広告ビジネスに強い人材をマネジメントクラスへ招聘する必要がある。

次に、「トライ・アンド・エラー」につ

いて見てみよう。コンビニの経営自体は「トライ・アンド・エラー」の繰り返しであるから、本業においては「トライ・アンド・エラー」の文化はあると考えられるが、ことITビジネスにおいては別の難しさが求められる。TOUCH TO GOの事例を見ても、超大企業の中でまったく異なるＩＴの新規事業を立ち上げるのは困難である。そこで、子会社形態もしくはネット企業との合弁などを活用して、その企業にＩＴビジネスを立ち上げる上でのトライ・アンド・エラーを移譲することで、その課題は回避できる。

コンビニのメタモルフォーゼの事例から学べること

ここまでのコンビニ業界の事例をもとに、読者が経営戦略上参考となるのは、メタモルフォーゼの中で、**広いくくりでは同業界ではあるが、別のセグメントでサービスを展開している企業の戦略をベンチマークすること**、そして**自社の競争優位性をより広い視点で見直すこと**である。

セブン-イレブンの事例では、広告ビジネスという視点は、ＬＩＮＥのように多数のユーザーが日々利用するサービスであることから、そのユーザーにリーチしたいメーカーからのニーズがあるのではないか、ＬＩＮＥよりもすぐに実際の商品を手に取ってもらいやすいため、より広告効果があるのではないか、といった俯瞰した目線で分析した結果生まれた事業展開の方法である。

また、小口ファイナンスの事例は、コンビニ業界ではないが、小売業の中でも独自の路線でビジネスを展開する丸井グループを参考に、丸井よりも顧客との接点頻度の高いセブン-イレブンで、口座振替の資金移動を狙って手数料を稼ぐビジネスモデルを検討した。

以上のように、自社の得意分野や強みを軸にしながら、より俯瞰的な視点から類似業界やサービスを見渡すことで、新しいビジネルモデルの展開、メタモルフォーゼを実現していくことができるだろう。

6-4 SDGs：IKEAとH&Mが取り組むサステナブル事業

IKEAのSDGsへの取り組み

最後に小売業においてSDGsを戦略に取り込む事例を見ていきたい。

まず参考になるのは、IKEAである。IKEAは、SDGsを経営戦略に取り込んでいる企業として紹介したが、同社では「ピープル・アンド・プラネット・ポジティブ」というSDGsの目標を掲げ、17項目を網羅したアクションプランが用意されている。特にIKEAが明確に注力しているのが、「Climate Change（気候変動）」「Sustainable Energy（持続可能エネルギー）」「Equality（平等）」の3つである。

「Climate Change」については、「多くのお客さまのサステナブルで健康的な暮らしを支援する」というテーマのもと、節水や節電、ゴミの分別、健康的な生活というサステナブル商品を現状1108個提供しているが、その売上げを2千億円とする非常に明確な目標がある。

たとえば、リーエトのLED電球は、白熱電球よりも85%も少ない消費電力で20年続く特徴がある。現在IKEAで提供されている電球はすべてLED電球で、2017年には8500万個を75万世帯に提供し、2020年には5億個の販売目標を掲げている。1個99円で考えても、この製品の売上げだけで累計で500億円となる。

さらには、サステナブルな生活を支える商品「more sustainable life at home」というブランドは2016年度の時点で既に2千億円を突破し、現在のIKEAの売上げの5割まで向上している。さらに、「Sustainable Energy」という項目では、商品で使用している木材の77%がリサイクルやFSC認証を使用している。他にも、日本では家具下取りサービスも独自で展開しており、中古で販売することで廃棄を減らしながら、木材や使用するパーツが少ない製品へ顧客が入れ替えることを促進している。また、太陽光発電を活用した店舗運営を多くの国で実現させている。

「Equality」という項目では、子供の権利を守ること、バリューチェーン全体で働きやすい環境・職場を作ること、女性の活躍推進を掲げている。国連人権高等弁務官事務所（OHCHR）にも参加しており、LGBTI差別の解消に向けた行動規範も定めている。これらの点についても、具体的な目標数値やアクション目標が掲げられているが、現状のC

ＳＲ制度にも近いため詳細は割愛する。

以上のようにＩＫＥＡでは、ＳＤＧｓを経営戦略の中心に置き、サステナブル商品の販売目標を立てるなど、具体的な活動レベルでも数値目標とアクション目標を持って推進させている。

「アフターコロナ」の時代において、消費者のニーズが多様化する中で、コロナウイルスは環境破壊が原因で、本来人が住むエリアには存在しない未知のウイルスが広まったのだと考える欧米のユーザーは多い。それらの環境保護を重視するユーザーが今後増加することを踏まえても、ＩＫＥＡの戦略は今後15年程度は主流のものになると考えられる。

H&Mのバリューチェーン改革

他にＨ＆ＭもＳＤＧｓの取り組みを積極的に進めている。

同社は、２０３０年までに１００％リサイクル製品もしくはその他の持続可能な原料を使用した商品に置き換えることを宣言しており、40年までにバリューチェーン全体を通して、環境に対する取り組みを徹底させることを表明している。

なぜかといえば、現在国内だけでも年間15億着の売れ残った服が廃棄されている「衣服ロス」が大きな問題となっており、H&M1社だけで2017年に12万トンの売れ残った衣服を焼却処分したと発表しているからである。

そこで環境保護を重視するために同社が行っているのが、「Global Change Award」である。これは、廃棄物を出さない製品へと移行することに貢献するイノベーションアイデアを募集し、毎年5つのチームに対して総額100万ユーロ（1億2千万円相当）の資金提供と、H&Mがアクセンチュアとスウェーデン王立工科大学と協力して提供する1年間のイノベーション推進プログラムに参加することが認められるものである。

コロナ禍の2020年4月1日に発表された最新の「Global Change Award」では、GALY社が開発したバイオ技術で作られたコットンを使用した衣料品、Werewool社が開発した自然着色料で作られた衣料品など、5社のイノベーションアイデアが選ばれている。

H&Mでは他にもAIの活用により、サプライチェーンの見直しを行いながら、高付加価値化を追求し、製造工場のあるバングラデシュにて、現地の最低賃金を50%上回る給与の支給、96%の店舗でクリーンエネルギーを活用するなど、積極的に活動を行っている。

実際の商品としても、水をきれいにしながら利用できる藻が原料のソールやパイナップルの葉を使用した合皮、オレンジの絞りカスを使った繊維など、IKEAと同様に具体的な商品レベルにおいても数値目標を持って活動を行っている。

以上のように、欧米の先進的な小売企業では、ＳＤＧｓを中心とした事業展開が推進されており、具体的な数字目標や期間設定、そしてアクションプランが設定されている。

ＩＫＥＡとＨ＆Ｍの事例から学べること

「アフターコロナ」において消費者のニーズが多様化する中で、環境や自身の価値観に合った商品を購入したいユーザーは徐々に増加することはあれ、減少することはないだろう。

2社の事例から読者が経営戦略上学べるのは、ＩＫＥＡのように、**ＳＤＧｓの取り組みを行う上で、どのような商品やブランドを提供し、それをどの程度販売するのか、それによって顧客や社会はどのようなメリットを得られるのか、という視点にまで踏み込んで経営戦略の見直しを図ること**である。

さらに、Ｈ＆Ｍのように、**自社に貢献するサプライヤーをグローバルな視点から発掘し、サプライヤーとともにＳＤＧｓを達成していく視点**も採り入れるべきである。第7章で紹介するフィリップスの事例をもとに、ＳＤＧｓを経営戦略に取り込む視点を日本企業は持つことで、企業価値向上と企業ブランド力向上の双方に影響するといえる。

第7章

製造業界から学べる4つのモデルの活かし方

7-1 サブスクリプション：エントリーモデルとしてのサブスクリプション

トヨタのサブスクリプションサービス

前章では小売企業での事例をもとに、「ＳＤＭＳフレームワーク」を個別に見てきた。本章では製造業の事例を見ていこう。

まずはサブスクリプションである。製造業の事例は、第6章で述べたように**サブスクリプションのエントリーモデル**として参考になる。そうはいっても、製造業には昔から分割払いやリース契約といった形式があり、それらとサブスクリプションとは何が違うのかと思われるかもしれない。

リース契約は支払いを分割する代わりに、契約期間を長期間で固定するための契約である。一方で、サブスクリプションは、顧客体験を提供し、変化するユーザーのニーズに対応しながらサービスを進化させることで継続を促すのが最初の動機である。そして契約が終了した際に、別の商品のアップセル、クロスセルなどを行っていくことで自社の注力商品へと移行させる特徴がある。

「アフターコロナ」に向けて成長を続けているのが、トヨタの「ＫＩＮＴＯ」である。これは3年、5年ごとにトヨタの車を乗り換えられるサブスクリプションサービスである。車種ごとに月額払いを行うが、メンテナンス料も任意保険料も込みで明確なプライスである。レクサスも選択できる「KINTO SELECT」というプランもあり、現在ほぼすべてのトヨタ車をサブスクリプションで利用することができる。

ＫＩＮＴＯは、導入当初はユーザーの獲得に苦戦していたが、対応車種を増やしたことや販売店ではじめて車を購入するユーザーへの販促活動を強化した結果、「ウィズコロナ」の最盛期である２０２０年3月には前年12月からの契約者数が3倍にも伸び、３１５０件の契約が交わされている。

コロナショックにより雇用が不安定になる中で、１００万円以上の高額な自動車の購入に二の足を踏むユーザーが多い中で、エントリーモデルとしてトヨタ車種に親しんでもらい、その後に実際に車を購入してもらう戦略を実現するために、ＫＩＮＴＯのビジネスモデルは有効に機能しているのである。

サウンドファンのエントリーモデルとしてのレンタル

中小企業でもＫＩＮＴＯのようにサブスクリプションを活用して個人向けにエントリーモデルとして製品を販売している企業がある。サウンドファンである。

同社は２０１３年に設立された、特殊な技術を用いることで耳が聞こえにくい人でも聞こえやすくなるようなスピーカー、いわゆる音のバリアフリースピーカーを提供している企業である。ＪＡＬや大手の金融機関、百貨店などで呼び出し用として利用が進んでいる。

一方、個人向けには、主に50代以上のユーザーが老親へのプレゼントで送ることが多いが、一番廉価な商品でも2万7千円と、はじめて使うにはややハードルの高い価格である。

そこで、エントリーモデルとして30日間は無料、それ以降は月額１９８０円から利用でき、いつでも解約できるサブスクリプションを導入している。途中でレンタル品を購入することもできるし、３年間利用すれば、それが自分のものになる。

また、サブスクリプションを利用しているユーザー宅を訪問し、製品の改良のために顧客の声を収集する取り組みも実施している。調査に参加したユーザーは、自身も製品開発に協力したと感じてくれるようになり、なおさら商品への愛着が湧く。

「アフターコロナ」後において、急速に高齢化が進み、さらには自宅生活が長くなる中で、優れた製品とサブスクリプションで高齢化に関する問題を解決するサウンドファンのビジネスモデルは多くの企業で参考になるだろう。

ハイデルベルグ・ジャパンのサービス一体型のサブスクリプション

法人向けの販売においてもサブスクリプションを利用することができる。印刷機を手掛けるハイデルベルグ・ジャパンの事例が挙げられる。同社はドイツのハイデルベルグ社の印刷機および印刷ソリューションを提供するメーカーである。

同社のサブスクリプションは、月額の固定費と印刷した枚数によって支払いを行うものであり、従来1億円近い投資をして購入していた印刷機を簡易に導入することができる。また印刷機だけでなく、印刷機周辺のワークフローやサービスパーツなどの印刷における必需品のほか、在庫管理システムの利用、印刷機オペレーターのトレーニングについてもサービスの対象となっている。このサブスクリプションサービスを最初に導入したのは、石川県に本社を構える従業員34名の北陸サンライズ社で、既存の2台の印刷機の入れ替え用として導入している。

このサブスクリプションの導入について、北陸サンライズの木村賢一郎社長は、『ニュープリネット』の2019年10月15日のインタビューで、「はじめて聞いたときは、日本ではできるはずがないと思っていたが、何回か聞いているうちに、大きな投資をせず業務の見える化が可能であるとわかった。世界最高水準の印刷機とワークフローが導入でき、機械に最適な消耗品を利用して、オペレーターもハイレベルなトレーニングを受けられ、メーカーとともに最大限のアウトプットを出せる」点が決め手になったと述べている。

「ウィズコロナ」で資金面に課題を抱える中小企業が増加することで、大型の設備投資については二の足を踏む企業も多いと考えられる。しかしながら、ハイデルベルグ・ジャパンのようにサブスクリプションでサービスを提供する経営戦略に舵を切ることで、「アフターコロナ」においても**安定的に顧客とともに成果を上げられる仕組みを構築する**ことができる。

エントリーモデルとしてのサブスクリプション事例から学べること

以上の3つの事例から、読者が経営戦略上採り入れるべきなのは、**エントリーモデルとしてのサブスクリプションのあり方**である。

いくつかエントリーモデルとしてのサブスクリプションについては紹介してきたが、サブスクリプションを活用することで、**顧客のリスクを減らしながら、自社の製品単体だけでなく、その他の周辺サービスまでも含めて顧客の囲い込みができる視点**が多くの業界で経営戦略上有効に活用できる。特にトヨタやハイデルベルグ・ジャパン社の事例では、別々に購入していたものをサブスクリプションの中にパッケージとして導入することで、顧客のリスクを減らしながらも一定の顧客の囲い込みに成功している。

また、サウンドファンの事例のように、サブスクリプションを活用することで、顧客の声を定期的にヒアリングしながら、顧客を巻き込んで自社の製品改善に活用できる視点も経営戦略上採り入れるべき視点である。

7-2 ＤＸ：富士通のデジタルツインプロジェクト

製造業におけるＤＸでの注目キーワード「デジタルツイン」

製造業でも、ＤＸへの対応が「アフターコロナ」において本格的に求められる。「アフターコロナ」の世界において本格的に始まる5Ｇの普及とともに、ＩｏＴやセンサーの技術が格段に向上することで、２０２０年には２００億個のデバイスが普及するようになるといわれている。

そのため、これまでアメリカの「デジタル・マニュファクチュアリング」やドイツの「インダストリー４・０」などの概念でＩＴ化が進んできた「ものづくり」の現場を越え、製品自体のＤＸ、そして納品後のデータ収集やデータ分析を踏まえたアフターサービスにおいてもＤＸが必要となるであろう。

では、具体的に参考になる事例をいくつか紹介しよう。

まず注目すべきなのは、「**デジタルツイン**」というキーワードである。デジタルツインとは、「現実世界にあるものや人のデータを収集し、それをリアルタイムでコンピュータ上に送り、現実世界の環境をデジタル世界に再現する」技術である。このデジタルツインの環境を構築することで、現実世界のデータをもとにした高精度なシミュレーション環境の構築や、顧客の課題の特定、利用方法のアドバイス、将来の故障の発見・防止などでこれまで人が対応していた多くの事象がデジタル上で解決することとなる。

富士通とINESAのデジタルツイン事例

デジタルツインを活用したものとして、富士通が上海儀電《シャンハイギデン》（INESA）社の工場設計を手掛けた事例が挙げられる。

図32を見ていただきたい。まず、ステップ1の「ユーザーの現在の課題の把握・抽出」について見てみよう。従来の工場では、エクセルのデータとグラフのみで故障データや故障箇所を把握していたが、それでは過去のデータが蓄積されるだけで、将来の急な故障には備えられない。富士通の自社の工場でもメンテナンスのために多くの工数と、突然の故障による稼働率低下の課題を抱えていた。この自社の工場でも課題を抱えていたことから、

図32　富士通のDX

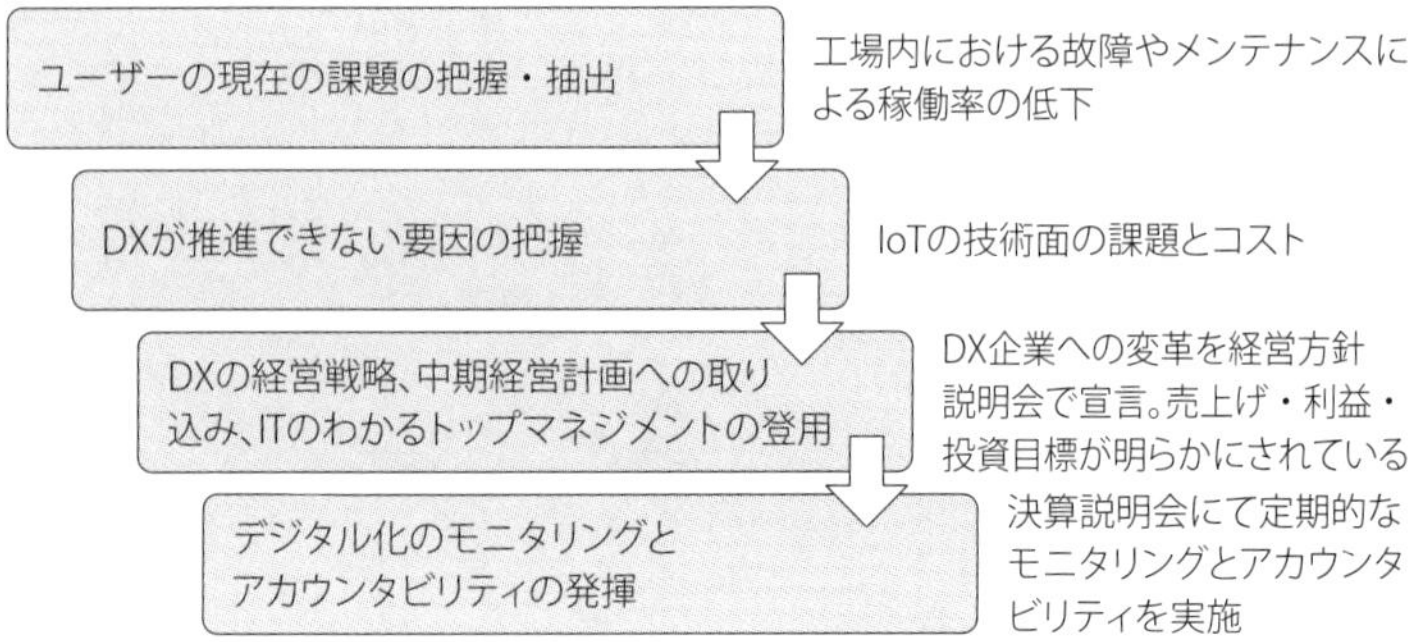
ユーザーの現在の課題の把握・抽出
工場内における故障やメンテナンスによる稼働率の低下
DXが推進できない要因の把握
IoTの技術面の課題とコスト
DXの経営戦略、中期経営計画への取り込み、ITのわかるトップマネジメントの登用
DX企業への変革を経営方針説明会で宣言。売上げ・利益・投資目標が明らかにされている
デジタル化のモニタリングとアカウンタビリティの発揮
決算説明会にて定期的なモニタリングとアカウンタビリティを実施

ユーザーの視点で課題を把握・抽出することができたのである。

次に、ステップ2の「DXが推進できない要因の把握」については、技術的およびコストの課題があった。デジタルツインが登場するまでは、IoTセンサーなどの導入では工場のそれぞれの設備の稼働を1つずつ把握する必要があり、一覧性という意味で大きな課題があった。そこで富士通が工場の稼働率改善のために立ち上げたのが、「インテリジェント・ダッシュボード」のサービスである。

INSEA社では、富士通のデジタルツインを導入したことで、インテリジェント・ダッシュボードを使って一元的に工場内をサイバー空間内にデジタルデータとして可視化することができ、各機械の稼働状況から電力消費量、故障の予測まで行えるようになった。他にもウォークスルーモードという機能を利用すると、工場内をデジタル上で歩くことができる。すると、機械ごとに現在の稼働状況やステータスを細かく把握することができる。

デジタルツインを活用した技術伝承

これらのデータを取得することで、故障だけでなく技術の承継も進むようになる。前述のように、「アフターコロナ」以降で急速に高齢化が進む中で、後継者不在、技術伝承が進まないという課題を抱えた企業は、大阪中小企業診断士会の「中小製造業における『技能伝承（継承）』の実態調査と提言」によると、その数は70％超にものぼる。

そこで、デジタルツインの技術を活用することを検討したい。この技術であれば、過去のデータが引き継がされるため、メンテナンスが必要かどうかなど、従来であればベテラン技術者の感覚で理解されていたことが、十分な経験を積まなくてもわかるようになり、若手社員でも対応可能になる。他にも、稼働状況の把握から、若手社員の生産性の改善ができれば、サービス開発やビジネスモデルの転換などに経営者やベテラン社員をあてることができるようになる。

富士通では、他にもオムロンソーシアルソリューションズと共同で、「未来の駅」構想でもデジタルツインを導入している。これは、駅構内の管理システムと遠隔監視システムを軸に、改札機や発券機、ロッカー、エスカレーター、エレベーターなど駅構内のすべての設備のデータを取得し、それらのデータをもとに駅構内の様子をサイバー空間に再現することで、異常が発生した際の修理や過去のメンテナンス情報の閲覧履歴、故障回数などもすべてデジタル上で行えるようになる構想である。

「アフターコロナ」において、無人もしくは省人化サービスの普及は進むと考えられるが、「未来の駅」においても、メーカーを中心にデジタルツインは発展していくと考えられる。他の業界でも、ＤＸを活用して、顧客の課題解決や自社の見える化を推進することで、より付加価値の高いサービスにつながる。

さらにステップ3において富士通では、2019年9月26日の経営方針説明会にて、「ＤＸ企業となることが経営方針である」と時田隆仁社長自らが発表を行っている。そして、具体的にデジタルサービスでの売上げを4千億円以上向上させることと700億円の利益改善、そしてこの領域へ5千億円の投資を行うと宣言。グローバル視点で人材の最適化やデジタルカルチャーを社内で整えることで、ＩＴ人材が多数登用されることを経営メンバーで推進すると報告している。

ステップ4のモニタリングについても、決算説明会にてモニタリングとアカウンタビリティが保たれている。

このように富士通のＤＸは読者のお手本となるような事例である。

杉養蜂園の外部技術を活用したＤＸ

他にも、中小企業が外部のサービスを活用しながら、目の前のデジタル課題の解決を経て、経営戦略上重要な要素までＤＸを徐々に成し遂げつつある事例として杉養蜂園《すぎようほうえん》の事例が挙げられる。

同社はプロポリスや蜂蜜ローヤルゼリー、マヌカハニーなどで知られるメーカーである。主力の製品は小売業もあるが通販事業で、プロポリスや蜂蜜ローヤルゼリーなどの製品を会員登録したユーザーへ送るサービスを提供している。したがって、会員登録時の用紙は顧客のニーズを把握するなどのＣＲＭとしてだけでなく、送付先の住所となるために入念にチェックする必要がある。しかしながら、その作業が事業拡大の中で、大きな負担となっていた。具体的には、１件の登録につき、２人のオペレーターが同時に手入力でデータを登録し、ダブルチェックするという煩雑なオペレーションとなっていたのである。

そこで導入したのがヒューマンリソシア社が提供するＡＩ ＯＣＲであるDX Suiteである。

ＡＩ ＯＣＲとは、画像読取り・認証（ＯＣＲ）技術にＡＩ技術を取り入れたものであり、文字認識を行う精度がＡＩによって徐々に改善されていく特徴を持つ。この技術によって人員を減らしながら、入力のスピードアップと業務時間を1日当たり6時間削減することに成功した。さらには、削減された時間を使って顧客データの分析を行い、顧客の不満や課題を取り除くことに成功した。リピートにつながることが重要な通販メーカーにとって、経営戦略上重要なアクションを行うことができている。

さらにＡＩ ＯＣＲは英語と中国語にも利用できるため、海外の顧客拡大に向けた店舗拡大においても効果を発揮している。これは、今後の海外展開の加速とＣＲＭという難易度の高い経営課題に対応するための社内の土台が構築されたケースである。

今後の「アフターコロナ」の時代において、中国などでＥＣ需要が再加速していくと説明したが、杉養蜂園の事例は海外展開に悩む企業が参考となるＤＸの事例である。

富士通と杉養蜂園の事例から学べること

中小企業がＤＸを行う際に課題となるのが、多額の投資が必要となるシステムをどのように取り入れるかだが、この点は、**自社開発せずとも外部のサービスをうまく組み合わせ**

ることで実現できることがわかる。

また、大企業とは異なり、ＤＸを一足飛びで導入することが難しい場合にも、**業務効率化からＤＸを行い、その余った時間とコストを付加価値の高い製品の改善や戦略投資に回すことで、経営戦略を高度化する形でＤＸに取り組むのがよい**という視点も経営戦略上参考にすべきポイントである。

7-3 メタモルフォーゼ：中小企業がリードする製造業のメタモルフォーゼ

ヒバラコーポレーションのシステム開発

これまで製造業の中でもイビデンのメタモルフォーゼの事例を何度か紹介してきたが、ここでは中小企業がメタモルフォーゼに成功した事例をいくつか紹介していこう。「アフターコロナ」前の事例ではあるが、読者の参考になる点は多いのではないかと考える。

まずは中小企業のメタモルフォーゼの事例として、茨城県に本社を構えるヒバラコーポレーション（以下ヒバラ）の事例を紹介しよう。

同社はもともとモニュメントの塗装やエアータンクの粉体塗装など、工業用の塗装業を営む企業であった。先代社長の時代から、経済の工業化の流れに乗り、安定的に業績を上げていたが、環境問題の影響を受けて徐々に塗装業は縮小傾向に入る。さらには技術者の高齢化や人材採用面での課題も抱えていた。

この時期に同社に入社したのが、後に2代目の社長となる小田倉久視氏である。彼は大学に通いながらシステムの専門学校に入り、ＳＥになるための勉強をし、卒業後はシステム会社に入社。ＳＥとしての経験を積んだ後に、26歳でヒバラ社に入社する。

最初は同社の子会社としてシステム会社を作り、システム開発などを下請けで行っていた。その後、日立の子会社などから仕事を受けるようにまでなったタイミングで、子会社をヒバラ本社に吸収した。塗装業とシステム会社が共存するという珍しいメタモルフォーゼである。

最初にヒバラ社がＤＸとしても参考になる開発を行うのが、塗装のオペレーション管理のＩＴ化である。サプライチェーンの管理から設計に連携した資材発注、全作業の見える化、請求書発行や見積管理などの塗装業のオペレーション改善を行うことができる、システムの開発である。

そして、この経験を活かして行ったのが、遠隔地塗装工場支援システムの開発である。この遠隔地塗装工場支援システムは、職人の技術をＡＩとＩｏＴを活用してロボットに機械学習で覚えこませ、遠隔地にいながら、ロボットを操作することで塗装が行える画期的なシステムである。

ヒバラ社は、職人の長年の経験と勘という世界に、最先端のテクノロジーを活用するこ

図33　ヒバラコーポレーションのメタモルフォーゼの４条件

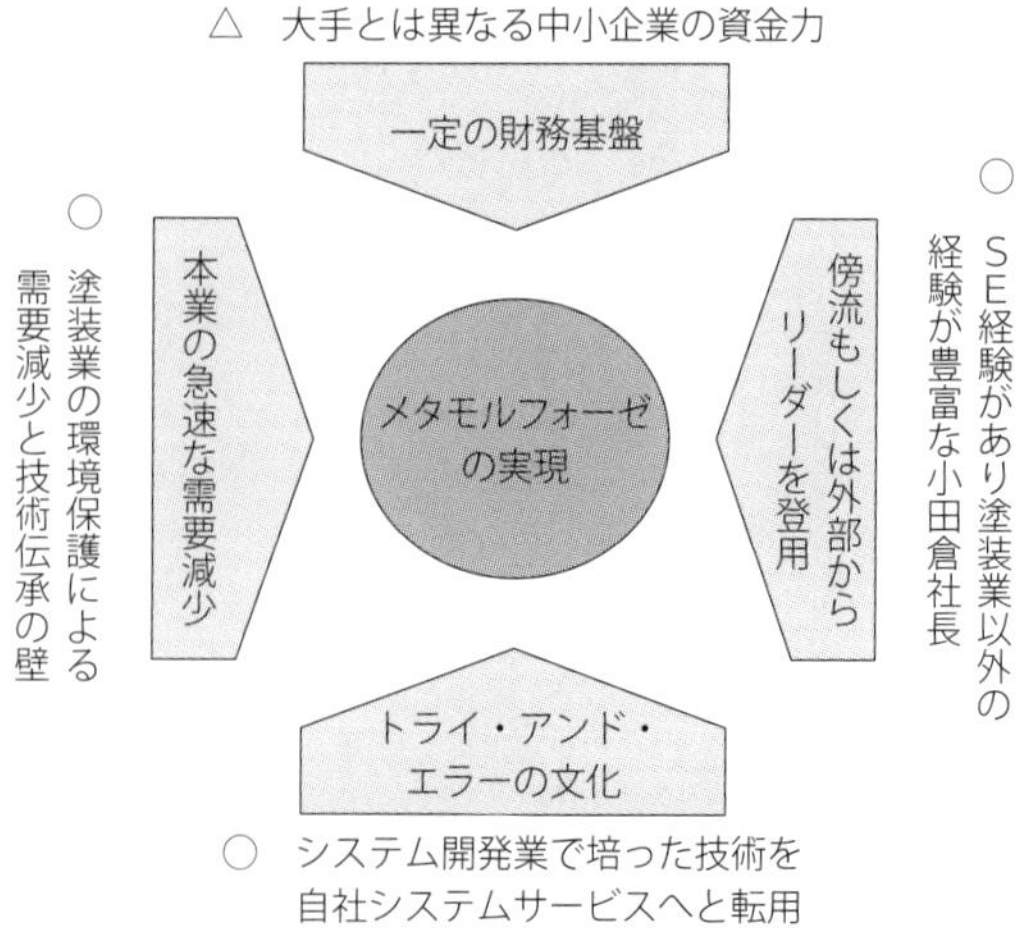

とで、システム開発業から自社のプロダクトを備えた、システム提供業へとさらに業態を変化させることができたのである。

密集しての作業が必要な工場内においては、コロナウイルスの飛沫感染防止のためのさまざまな工夫が行われているが、ヒバラ社の遠隔地塗装工場支援システムであれば、実際にロボットが作業をするので、人が工場内で塗装を行う必要がない。「アフターコロナ」の時代においても、同社の遠隔地塗装工場支援システムはさらなる成長を遂げると考えられる。

鎌倉製作所の多段階のメタモルフォーゼ

次に、鎌倉製作所の事例を紹介したい。

同社は1951年に創業された港区に本社を置く、従業員94名の中小企業である。

同社は、産業用の大型換気装置を製作する企業としてスタートしたニッチ企業である。従来の工場の換気といえば工場に扇風機を何台も置いて対応することがほとんどであったが、同社は工場の屋上につける大型の換気装置を開発。当初は日本において天井に重量のある装置を設置する習慣がなかったので、設計事務所向けに図面や設置方法に関する「手引書」や「マンガでわかる換気の基本知識」などの販促資料を作り営業を行ってきた。

次に、水が気化する際に発する熱を利用して冷却を行う装置の開発である。熱を持った外気が冷却装置を通ると水の気化熱によって周りの空気の熱が奪われることで、涼風を作ることができる。大規模工場では、こちらの装置のほうがエアコンよりも消費電力を抑えて効率的に冷却することができる。

しかし、時代とともに技術が進化し、2010年以降特に国内大型工場への設備投資は減ってくる。さらにはIFRSの会計基準の導入が大手企業で進んだことで、大手企業はリース契約をすべて会計帳簿に載せる必要が生じ、製品購入の需要が減少していった。

そこで、同社ではそれまでの技術力を軸に、2つの新しい事業へと転換していく。ひとつは高木浩平事業部長が率いる冷却装置のレンタル事業への転換。もうひとつは山坂昇取締役が率いる身体冷却のウエアと冷却装置を一体として提供する「COOLEX」事業のスタートである。

冷却設備のレンタル事業は、据え置き型の装置を可搬式にし、現場で設置場所などの工夫をしなければならないため、手間はかかる。何度も設置方法を工夫するなど、トライ・アンド・エラーを繰り返し、レンタル事業によってエントリーモデルのサブスクリプションサービスを提供できるようになり、またレンタル事業を行ったことで、製品改良したものをユーザーに試しに使ってもらうサイクルを回すことができるようになった。

またCOOLEX事業は、鉄鋼業やガラス加工業といった酷暑環境での作業者を個々に冷却するシステムである。水冷式のウエアと小型の冷却設備を接続ホースでつないで随時冷たい水を流すことで、冷やすことができる。したがって、他の数多くあるファン付きの作業着よりも涼しく、かつ作業者がいないエリアを冷却する必要がないので、大規模な冷却設備よりも省エネで済む商品である。

中国の工場は稼働率が大きく上昇してきているが、「アフターコロナ」においては中国以外の新興国の工場も稼働率が高まるだろう。その際に、温暖化で工場の作業環境が厳しいアジア諸国への進出も検討されており、「アフターコロナ」における需要拡大の期待が高い。

鎌倉製作所の事例から、メタモルフォーゼにおいて**必ずしもITサービスの立ち上げが**

図34　鎌倉製作所のメタモルフォーゼの4条件

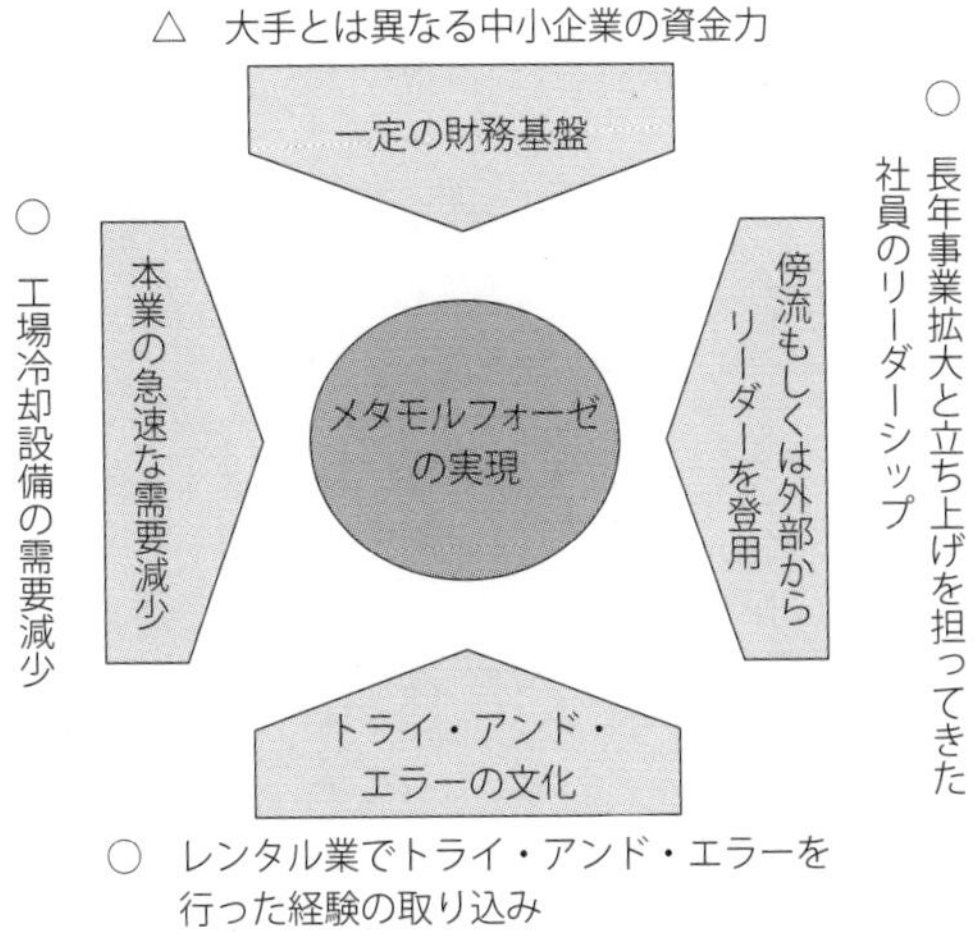

必要なわけではなく、既存サービスの課題や他社のサービスの未充実な分野を取り込むことのほうが重要であることがわかる。

鎌倉製作所ではＤＸ（Ｄ）の要素はないものの、サブスクリプション（Ｓ）とメタモルフォーゼ（Ｍ）、２つのモデルを実現している。読者が目指すべきＳＤＭＳフレームワークのお手本ともいうべき事例である。

ヒバラと鎌倉製作所の事例から学べること

以上の事例から、読者が経営戦略上採り入れるべきなのは、**自社の中心となる技術やノウハウ、テクノロジーや代替技術、そして自社で課題を解決する３つの視点を組**

み合わせることで、新しい事業展開が可能になることである。

新規事業を展開する上で重要となるのは、ユーザーは誰で、ユーザーは本質的に何を求めているのか、という視点であるが、ヒバラ社の事例からは、自社こそが最大のユーザーであり、自社の課題を解決することで、それに困っているその他のユーザーの課題も同時に解決し、収益を上げられる経営戦略上の両取りを成し遂げられることがわかる。

また、鎌倉製作所の事例では、メタモルフォーゼの取り組みの中でトライ・アンド・エラーを行いながら、経営戦略面だけでなく、中堅社員が率先して自社の事業を切り開くことができるようになるという組織能力の向上にも有効だと理解できるだろう。

7-4 SDGs：サーキュラー・エコノミーで付加価値を生む方法

サーキュラー・エコノミーを活用する

最後にものづくりを担う企業が取り組むべきSDGsの視点として、「**サーキュラー・エコノミー**」という概念と事例を紹介しよう。

「サーキュラー・エコノミー」は、アクセンチュア出身のピーター・レイシーとヤコブ・ルトクヴィストが『サーキュラー・エコノミー』（日本経済新聞出版）で提唱する、製品・部品・資源を破棄せず、再生・再利用する循環型の製造によって競争優位（サーキュラー・アドバンテージ）を獲得する、というSDGs時代のものづくりの概念である。アクセンチュアの試算では、サーキュラー・エコノミーを活用することで、2030年をめどに4・5兆ドルの利益が生み出せるという。これは、「アフターコロナ」以降の社会において重要なテーマになると筆者は考えている。

サーキュラー・エコノミーは、大量生産・大量消費という１９８０年代の旧来型のビジネスモデルを見直し、製造業は５つのビジネスモデルを取り入れることを提唱している。まず１つ目は循環型のサプライチェーンの構築である。循環型のサプライチェーンの考え方では、１００％再生可能な原料や生分解性プラスチックの導入などにより、環境負荷を減らしながら、資源の枯渇や法改正により企業が資源を調達できなくなるという調達リスクも減らすことができるという。現在は世界中でプラスチックゴミや森林伐採の問題が起きているが、第６章で紹介したＩＫＥＡやＨ＆Ｍは循環型のサプライチェーンを構築した事例といえる。

循環型のサプライチェーンの優れた事例として、神奈川県に本社を構える大川印刷の取り組みが参考となる。同社は、明治14年に創業した従業員41名の老舗の印刷会社である。２００５年から環境負荷を減らしながら印刷を行うことで社会課題を解決する「ソーシャル・プリンティング・カンパニー」を提唱している。

同社では、１００％再生可能エネルギーを使用した印刷、年間の温室効果ガスのカーボン・オフセット（打ち消す活動）、大気汚染や化学物質過敏症の原因となる揮発性有機化合物を含まないノンＶＯＣ（石油系有機溶剤０％）やエコ用紙の積極活用など、従来の印刷業において常識であった環境負荷を与える印刷ではなく、環境負荷を減らすことを中心とした業務展開を行っている。

また、年度ごとにSDGs経営計画をワークショップ形式で策定。ZOOMを活用して全事業所のメンバーが参加している。大企業でも同社ほど積極的に循環型のサプライチェーンの構築ができている企業は少ない。同社の事例は、トップダウンの取り組みだけでなく、全社員を巻き込んで、ボトムアップでの取り組みが重要であることを指摘している。

三菱電機の自主循環リサイクル

2つ目に、回収とリサイクルである。回収とリサイクルの考え方では、従来は廃棄物とみなされていたものを他の用途に活用することを前提とした生産・消費システムを構築することである。この取り組みを成功させているのが三菱電機である。

同社では、従来、家電製品のプラスチックのリサイクルは手作業で行われており、6%しか家電製品で利用されていなかったところに注目し、粉砕、微粉砕を行って、鉄やアルミなどを取り除くハイパーサイクルシステムズ社と共同で、大規模・高純度プラスチックリサイクル工場を持つグリーンサイクルシステムズ社を設立し、これまでにない細かな素材単位で分類することで、70%のリサイクルを可能とした。これにより、家電製品を同じ家電製品として利用する自主循環リサイクルを可能としている。

3つ目に、製品寿命の延長である。製品寿命の延長では、壊れたり不要になったりしたものを回収し、修理し、再度販売するモデルを構築する。

DELLは2014年から、使用済みのPCを消費者から買い取り、補修やクリーニングを行った上で、アウトレットPCとして販売するサービスを提供している。現在では、PC以外にもノートパソコンやサーバーなども取り扱っている。マイクロソフトやHP、レノボなど多くのPCメーカーが同様のサービスを提供することで、業界全体としてPCの製品寿命を延長する取り組みを行っている。マイクロソフトでは認定再生PC事業者を指定し、再生PCかどうかの承認ラベルを貼ることで、消費者が安心して利用できる体制を整えている。

4つ目に、シェアリングエコノミーである。シェアリングエコノミーについては、国内でも優れた企業が増加し、十分認知されてきている。アクセンチュアの調査では、先進国の一般家庭にある製品のうち、80%が月に一度しか利用されていない事実を指摘しており、自動車のウーバーやリフト、家のAirbnb以外にも、多くの製品でシェアリングエコノミーが成り立つことがわかる。

第6章で紹介したラクサス社も自身が利用しないバッグを貸し出すことで報酬が得られ

る仕組みを持っており、非稼働の製品をシェアリングエコノミーによって活性化させた事例といえる。

他にも、豊田通商が「Jukies（ジューキーズ）」というサービスを手掛けている。これは非稼働の建機、重機をインターネット上で貸し出せるサービスで、全国250の拠点で、2千商品を最短翌日から、オペレーター付きで利用することができるサービスである。

5つ目に、サービスとしての製品である。ここでは、大量生産・大量消費ではなく、消費者が得た成果に応じて支払いを行うモデルである。本章の第1節で解説したサブスクリプションの事例と考えていただいてよい。

フィリップス社のLighting as a Service

『サーキュラー・エコノミー』の中では、フィリップス社が「サービスとしての照明(Lighting as a Service)」と呼ばれる法人向けに照明インフラを請け負うビジネスモデルを開発した事例が紹介されている。同社では、電球を顧客に対して販売するのではなく、電力量を削減しながら、顧客の求める性能を提供することで、削減した電気料金の額に応じて報酬を得る。このモデルは、Pay Per Lux（明るさに対する課金）とも呼ばれ、ワシント

図35　フィリップスライティングの収益状況

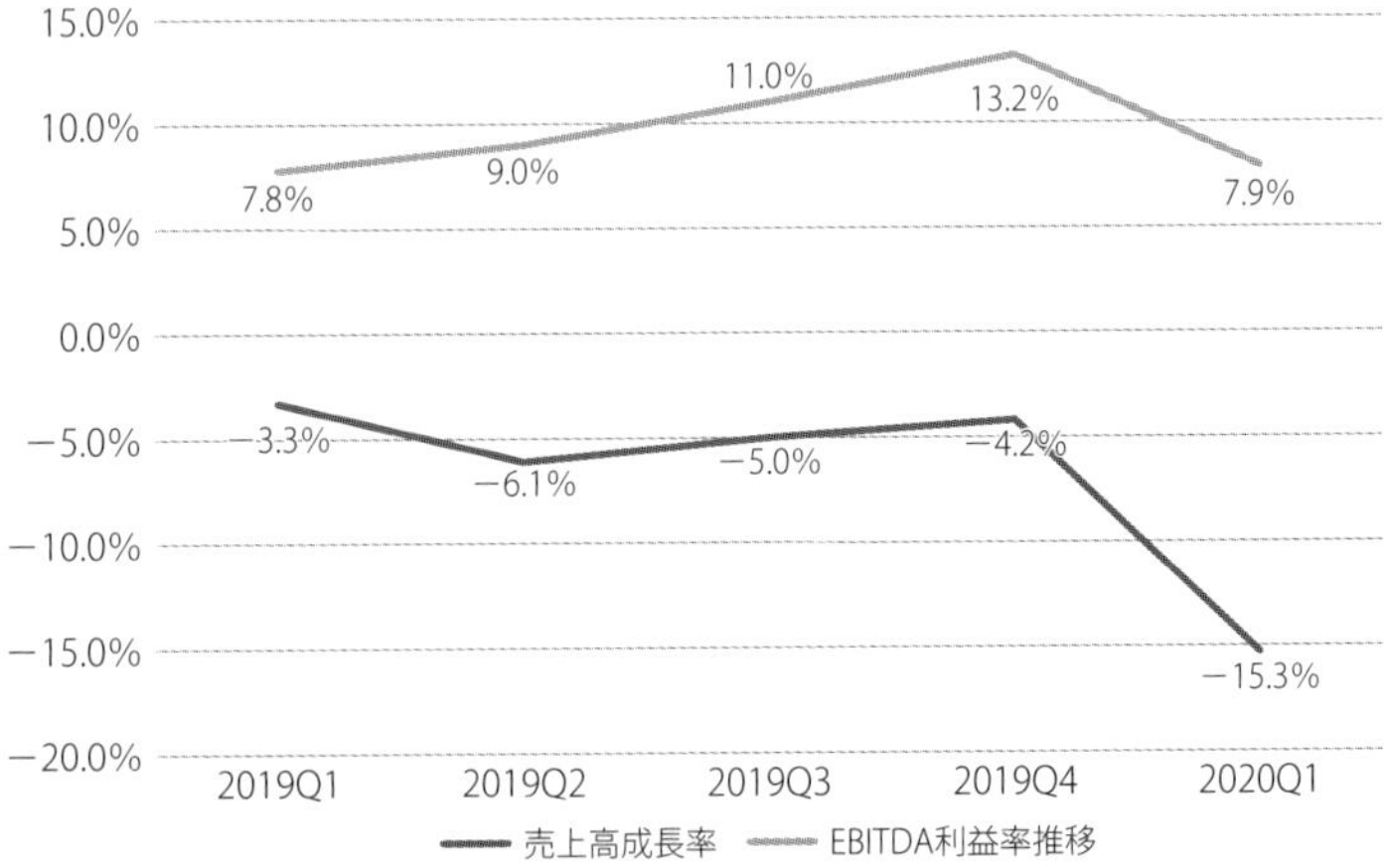

出典：フィリップスライティング「2020年第１四半期決算説明資料」より筆者作成

ンＤＣやイギリスの学生組合ともPay Per Lux契約を結んでいる。

　では、この契約は経営戦略上有効なのかといえば、大いに有効であるといえる。図35を見ていただきたい。フィリップス社はLighting部門の拡大により２０１６年にＩＰＯを成功させているが、直近のコロナショックの影響を除いても、急速に電球の需要が減る中で、ＥＢＩＴＤＡベースの収益性は前年同期よりも０・１％改善方向にある。さらにいえば、２０１９年の第４四半期に至っては、Lighting部門で13・２％という高い収益性を誇っている。この成果は、環境を保護しながら、Pay Per Lux契約による長期での安定的な収益が貢献しているものといえる。

サーキュラー・エコノミーの事例から学べること

以上の事例から、読者が経営戦略上取り入れるべきなのは、フィリップス社のLighting as a Serviceが持つ**Pay Per Luxビジネルモデル**であろう。第5章でＳＤＧｓはＣＳＲ活動ではなく、経営戦略の中心に置くべきものだと述べたが、フィリップス社のPay Per Luxのビジネルモデルは、顧客の課題と電力消費量の削減を自社の本業で同時に解決し、さらに自社が収益を上げられる優れたサイクルが回っていることが確認できる。

読者の業界のPay Per Luxは何であるか、たとえば機械の性能を担保しながら、稼働にかかる種々のコストを落とすことかもしれない。Pay Per Luxの考え方から、**ＳＤＧｓと経営戦略を結びつける事業が浮かび上がる**のではないだろうか。

第8章

IT業界から学べる4つのモデルの活かし方

8-1 サブスクリプション：SaaSバブルは続くか？

IT業界のサブスクリプションモデルSaaS

ここまで小売業と製造業を見てきたが、本章では、IT業界から読者が経営戦略上学べる視点について見ていきたい。

まずはサブスクリプションについて見ていこう。IT業界では、サブスクリプション型でソフトウェアを提供する事業モデルのことを、SaaS（Software as a Service）という。

SaaSの代表例としては、マイクロソフトのオフィスシリーズの最新版が1年契約で利用できるオフィス365やグーグルの法人向けサービスが利用できるG Suite、テレワークの進展により注目されているSlackやZOOMなどがある。

SaaSサービスの中でも、経営戦略上参考になるのが、近年「アマゾンキラー」として注目を浴びているショッピファイ（Shopify）社である。同社はカナダに本社を置き、

2015年にニューヨーク証券取引所に上場している。20年第1四半期の決算説明資料においては、EC市場の中で5・9%のシェアを持つとされており、時価総額は950億ドル（10兆円程度）にのぼる。現在、多くの国で店舗が閉鎖もしくは営業時間を短縮している中で、自社のECサイトを持ちたいユーザーは多く、同社のECプラットフォームは急成長を遂げている。

ショッピファイは月額29ドルから自社のECサイトが持てるサービスで、日本ではBASE社などが提供しているサービスがこれに近い。月額の料金が変わると、決済手数料なども変更されるため、規模に応じた展開が可能となる。他にも、デザインやサイト制作の経験がなくても、テンプレートを組み合わせて、ECサイトを持つことができる特徴がある。

具体的には、図36を見ていただきたい。ショッピファイ社の「2020年第1四半期決算説明資料」から抜粋した。

同社の売上げは2015年に205億円だったところから、19年には1578億円にまで増加。直近でも47%成長を遂げていることがわかる。また、直近の月次の成長率も5年間で50%と急成長を遂げている。

図37では、ショッピファイ社の強力なビジネルモデルがどのように成り立っているのか

図36　ショッピファイの売上推移

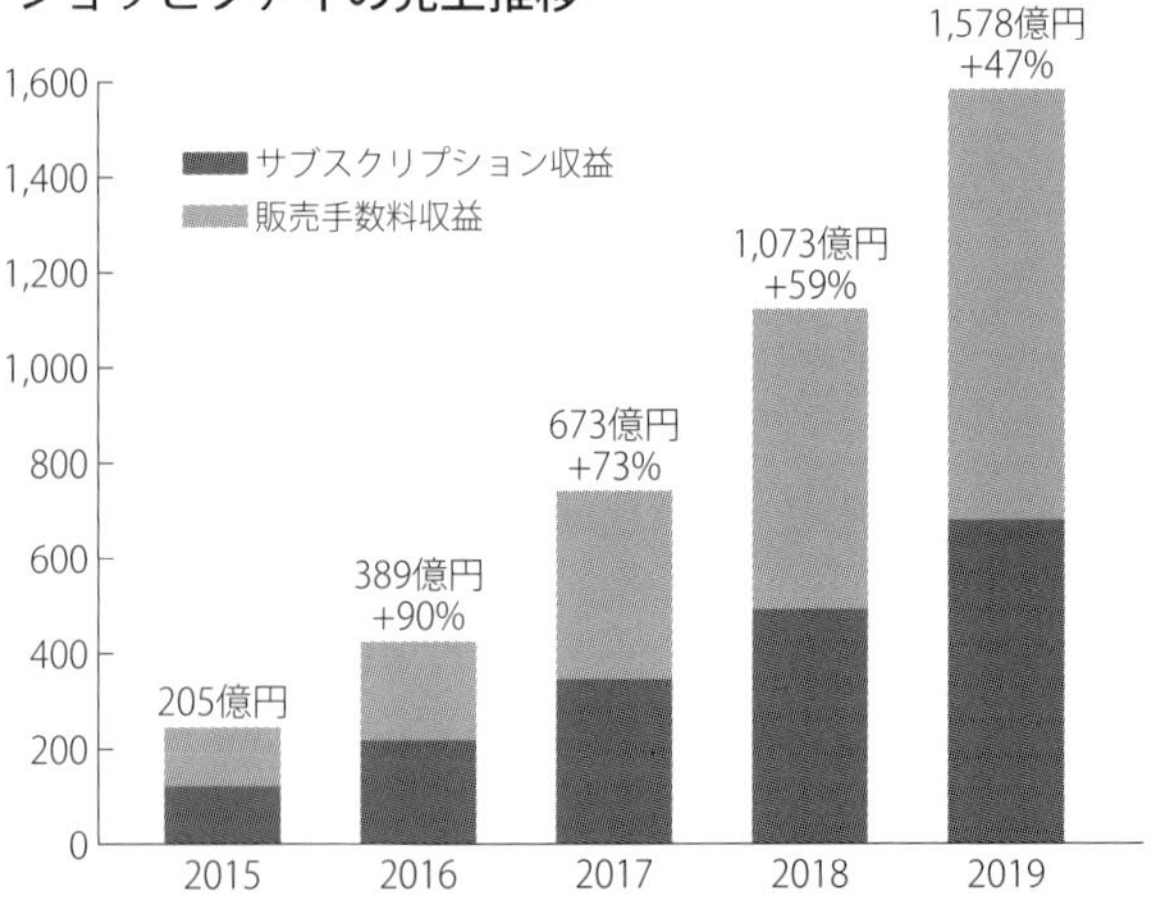

出典：ショッピファイ「2020年第１四半期決算説明資料」より筆者作成

について明快に説明されている。

ＧＭＶ（流通総額）が増加すると、より多くのパートナーや能力が手に入り、それによってより多数の商品が出品される。より多数の商品が出品されれば、ＧＭＶが増加するサイクルがきれいに回るのである。このビジネルモデルを回せるようなサブスクリプションモデル（ＳａａＳ）を構築することで、右肩上がりの売上げを上げることができる。

そしてそのサイクルを加速する要因、追い風（tailwinds）となっているのは、個人事業主の増加や、ＥＣ市場の拡大、コンシューマリゼーション（消費者向けのシンプルな製品・サービスが法人向けにも利用可能なこと）が挙げられている。そして今後

図37　ショッピファイのビジネルモデル

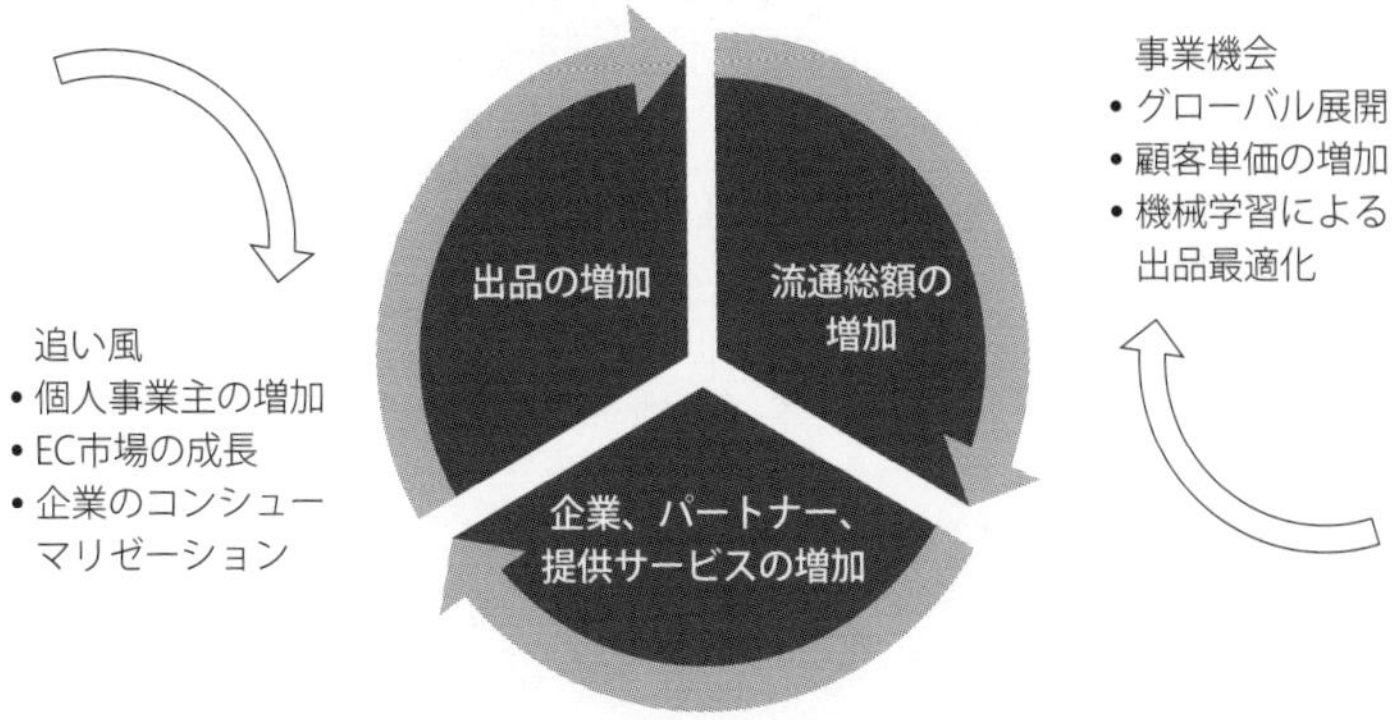

出典：ショッピファイ「2020年第１四半期決算説明資料」（筆者和訳）

の機会としては、グローバル化や顧客シェアの拡大、機械学習の導入などがある。

余談だが、第５章のＤＸが拡大する３つのプロセスについては、このショッピファイ社の優れたモデルを参考に、筆者が作成したものである。

さらに２０２０年４月８日に同社のユーザーが管理画面から楽天市場にも出品できることが発表された。「アフターコロナ」の中でも、ＥＣ市場が減退することがない以上、同社も成長していくと考えられる。

Sansan社の事例

次に、国内企業の事例として、Sansan社の事例を見ていきたい。同社は個人向けの

表11　Sansan事業の成長の現状

（百万円）	2019年５月期	2020年５月期		（ご参考）2020年５月期	
Sansan事業	Q3実績	Q3実績	前年同期比	Q3累計実績	前年同期比
売上高	2,442	3,140	＋28.6%	8,930	＋27.9%
営業利益	691	1,123	＋62.4%	3,235	＋64.3%
営業利益率	28.3%	35.8%	＋7.5pt	36.2%	＋8.0pt
「Sansan」契約件数	5,738件	6,587件	＋14.8%		
契約当たり月次売上高※1	143,000円	163,000円	＋14.0%		
直近12カ月平均月次解約率※2	0.73%	0.55%	－0.18pt		
従業員数	272人	381人	＋109人		

※１　Sansan事業のQ3末月の月次実績（「Sansan」以外の一部の新規サービス等を含む。未監査）
※２　「Sansan」の既存契約の月額課金額に占める、解約に伴い減少した月額課金額の割合
出典：Sansan社「2020年５月期 第３四半期 決算説明資料」

名刺管理アプリEightと法人向けのクラウド名刺管理サービスSansanを手掛けるベンチャー企業である。Sansan事業は、コミカルなテレビCMでご存知の人も多いかもしれない。

同社の売上げは、「２０２０年５月期第３四半期決算説明資料」によると、法人向けのSansan事業が直近の３四半期で前年同期比２７・９％増の８９・３億円、Eight事業が３四半期で前年同期比９５・２％増の７・４億円となっている。直近５年間の成長率は５１・０％と、ショッピファイ社と同じレベルの成長を遂げている。

Sansan社の説明資料は、サブスクリプション事業を展開する上でどれも参考に

図38　Sansan事業の直近12カ月平均解約率（チャーンレート）

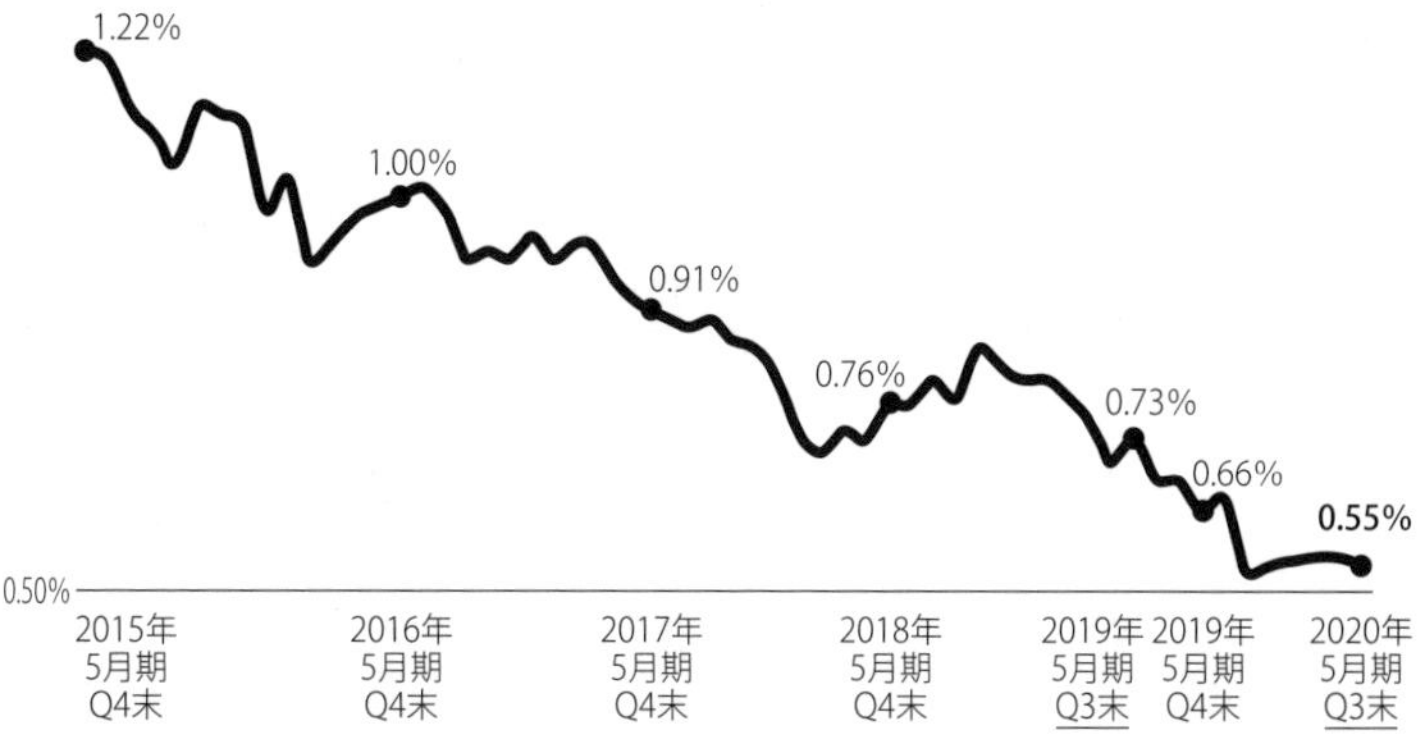

※「Sansan」の既存契約の月額課金額に占める、解約に伴い減少した月額課金額の割合
出典：Sansan社「2020年５月期 第３四半期 決算説明資料」

なる部分が多く、読者にも通読をおすすめしたいのだが、まず注目すべきは図38である。

　サブスクリプション事業の月次売上げ（MRR）は、月次契約数×契約単価×解約率（チャーンレート）で把握することが多いのだが、同社の昨年同期比27・9％増の成長は、契約件数と契約単価の両方が向上することと、解約率が減少することで達成されていることがわかる。

　Sansanの契約単価は月次の固定金額と名刺の読取り枚数によって決まるため、**ユーザーがSansanに慣れれば慣れるほど、契約単価が上がっていく仕組み**となっている。

　また、月次の売上げを継続的に上げていくためには、客数や客単価を上げることと同様に、解約率をどれだけ下げて、安定的な売上げを確保できるかが重要であるが、多くのサブスクリプションサービスで、この解約率が高止まりしているケースが多い。

一方で図38を見ると、Sansanは2015年5月期末の時点で解約率がわずか1・22％という数字だが、それが直近では0・55％まで減少している。それを成し遂げているのが、継続的な顧客フォロー、すなわち**カスタマーサクセス**である。第3章で「ザ・モデル」を紹介した際にも、カスタマーサクセスについては簡単に紹介したが、ユーザーの使い方の不満や悩みをカスタマーサクセスが定期的にヒアリングし、ユーザーの課題を解決することで、解約の事前防止や適切な利用を促すことができる。

Sansan事業では解約率が0・76％だった際に従業員が243名おり、それが現状は381名まで拡大している。2020年5月20日の『SalesZine』掲載の社員インタビュー記事によると、現在50名がカスタマーサクセスを担当している。他にも営業チームが社員に使い方を説明する勉強会などを開催して、利用者増を図る仕組みがある。このように、ユーザーが使い続けるための施策にも積極的な投資を行うことで、事業全体の成長が実現されている事例として、Sansan社の決算説明資料は一読に値する。

ショッピファイ社とSansan社の事例から学べること

以上2つの事例から経営戦略上、どのようなことを参考にできるだろうか。

それは、**自社のサブスクリプションの成長やプラットフォームとしての価値を増加させていくために、その価値の増大サイクルを経営戦略の中で明確にすることが重要なことで**ある。

ショッピファイ社の事例であれば、取引量、サプライヤー、商品数の3点がそれぞれ増加することで、プラットフォームの価値が増加し、ユーザーが課金を続けるだけでなく、1ユーザー当たりの単価も上昇する。

Sansan社の事例であれば、ユーザーが使い方を理解し、多数の名刺が取り込まれていくこと、また使いやすさが社内で広がることで社員数が増加し、それによってユーザーの課金が続くようになり、顧客当たりの単価も増加する。

このように、サブスクリプションが成長軌道に乗るためには、どのような成長サイクルが描けるのか、両社の事例をもとに、読者の企業でも成長サイクルを描いていただきたい。

8-2 DX：ITが変えるものづくり

アンドパッド社が手掛ける、ANDPAD

ＩＴ業界はこれまで、「FinTech（金融×ＩＴ）」や「HealthTech（ヘルスケア×ＩＴ）」など、さまざまな業界のＤＸをリードしてきた。このような事例については多くの良書が出版されているが、本書では特に「アフターコロナ」の中で注目されるＤＸ、特にＩＴが日本のものづくりをどう変えるのかという視点から３つのベンチャー企業の事例を紹介しよう。

１つ目はアンドパッド社が手掛ける、ANDPADである。同社は２０１１年創業、社員数１７３名、累計で23億円を調達する成長ベンチャーである。

ANDPADは、建築・建設業の施工現場でスマホを活用して業務管理、プロジェクト管理ができるサービスで、利用者数は５万社、案件数は２７０万件を超える巨大なプラットフォーマーになりつつある。

建築・施工の現場では、密閉・密集・密接による「三密」のコロナ感染が話題となったが、いまだに紙やＦＡＸでの業務指示、業務管理が行われていることが多い。一方で、ANDPADを活用すると、現場の作業を写真で残したり、朝礼のために各現場に集まらずともチャット機能でグループへの現場指示が行えたりと、自主検査のひな型が搭載されている。

これまでの「三密」や「手作業」の建築・建設の現場を月3万6千円からデジタル化させることができるため、「アフターコロナ」においても、拡大が見込まれるサービスである。

キャディ社が展開するCADDi

２つ目は、キャディ社が展開するCADDiである。同社は２０１７年創業、社員数65名で累計10億円を超える資金調達を行っているベンチャー企業である。キャディの加藤勇志郎社長は新卒でマッキンゼー・アンド・カンパニーに入社。わずか2年でマネージャーに昇進すると、製造業の購買・調達改革のプロジェクトを行う中で、CADDiのビジネスを思いついた。

同社のサービスの特徴は、特注品の金属加工製品を最短２時間で見積もり、最短５営業日に受け取ることができ、平均25％のコストカットも実現するところにある。

従来は自社の特注品に合った加工メーカーを探すことは大変で、大田区の町工場などに１件１件、自社で電話し、図面をＦＡＸして見積りを依頼する作業を行わなければならなかった。加工メーカーを探すまでに１カ月かかることもある。加工メーカー側も、特注品の営業はタイミングがあり、少ない人数で回す町工場も多いため、容易には受注できなかった。

一方でCADDiのプラットフォームを活用すれば、課題を抱える両者をマッチングさせることができるため、双方の探索コストや営業コストを削減することができるとともに、営業部が間で調整を行ってくれることで、スムーズに納品までサポートされる。現在は３ＤＣＡＤによる自動見積りも試験中である。

「アフターコロナ」で、リモートワークや非対面のサービスは拡大していくと考えられるが、ANDPADと同様に、**これまで対面や手作業で行っていた作業の業務効率化も急速に進展していく**と考えられるため、CADDi社のプラットフォームも「アフターコロナ」で注目すべきサービスである。

2D／3Dプリンター領域でDXを推進するカブク社

3つ目は、2D／3Dプリンター領域でDXを推進するカブク社である。同社は、2013年に創業、累計10億円の資金調達を行い、17年には双葉電子工業が90％の株式を取得している。同社のサービスは、3Dプリンターの技術を活用した、オンデマンド製造プラットフォームである「カブクコネクト」である。カブクコネクトの特徴は、2D／3D図面をアップロードすることで、3Dプリント品は最短5秒、切削加工品も最短1時間という即時の見積りを可能とするAIを活用したサービス、見積りから発注、進捗管理までをウェブ上で行えること、製品1個からの超小ロットでの発注ができることにある。

また、カブク社は3Dプリンターの技術を活用した製造コンサルティングサポートも行っており、トヨタの「TOYOTA i-ROAD」へのカスタマイズパーツ提供やホンダの3Dプリントを活用した車両開発などの支援も行っている。

今後はシステム上で簡易的な治具製作・プレート加工を設計し、製造依頼を行えるサービスも提供予定であり、**製造現場での「三密」の排除や技術の伝承といった課題をサポートすること**は、「アフターコロナ」の中でも成長を遂げると考える。

ＩＴベンチャー企業の事例から学べること

以上の3つの事例から、経営戦略上、参考になるのは何だろうか。

それは、**リアル業界の課題をＩＴで解決する上で、本質的な業界の課題は何かを理解すること**である。これまでのステップでも、ユーザーの課題の整理・抽出が重要であることについては何度か指摘したが、これら3つの成功事例は、どれも業界の慣習に立ち向かって、本質的な課題の解決を行っている。そして、「明日なくなると困る」サービスを作り、「業界として継続的に成長できる市場」に根差すことで、「カテゴリーリーダー」として、さまざまなステークホルダーから成長を支援してもらえる戦略とサービスが重要なのである。

一時、「〇〇テック」や「〇〇版ウーバー」などを掲げれば資金調達ができたような時代があったが、コロナショックにおいてそのような資金調達市場はなくなりつつある。今後は、ユーザー課題にどれだけ向き合えたかが、成長の差を生み出すと考えられる。

8-3 メタモルフォーゼ：受託開発・SES業は自社サービスを持つべきか？

ＴＩＳ社のペイシェルジュ

ＩＴ業界のメタモルフォーゼの事例として、ヒバラ社がシステム開発から自社サービスへと転換していき、さらには本業と合わせて塗装コンサルティング事業へとメタモルフォーゼした事例を第7章で紹介した。この事例は、システム会社においても参考になる。仮にヒバラ社のようにリアルサービスがなくても、事業承継などでその技術分野に参入することも検討できる。

そもそもシステム会社がシステム開発を依頼された場合には、受託開発（何を制作するかを依頼されて、それをいくらで納品する）と、ＳＥＳ（エンジニアの準委任契約）の2つのサービスの提供方法がある。後者は人材サービスに近いビジネスモデルで、1名いくらという計算である。

図39　TIS社のメタモルフォーゼ

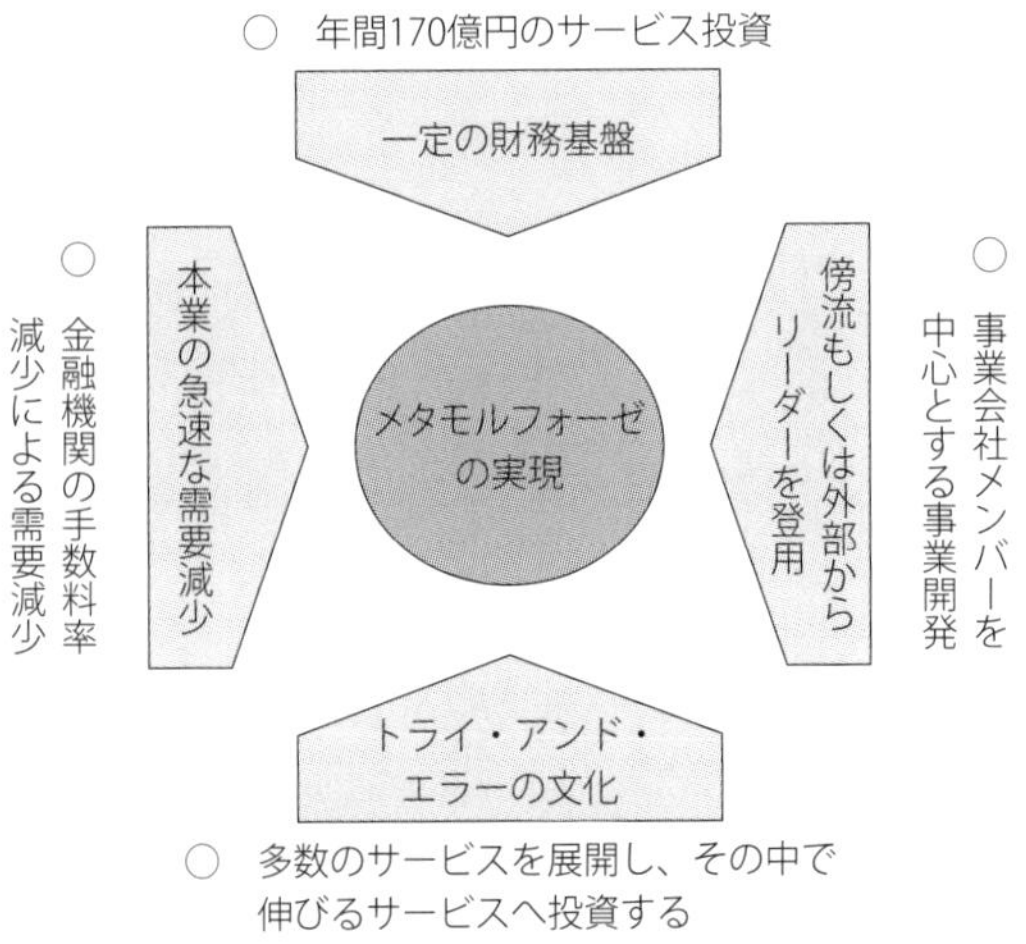

一方で自社サービスの立ち上げは、既存のサービスと違って売上げを上げるための仕組みと、事業立ち上げの経験も必要であるし、多額の開発費やマーケティング投資が必要になることも多く、多くの企業は及び腰である。

そこで参考となるのが、TIS社の事例である。図39を見ていただきたい。同社は2020年3月期決算時点で、売上高4437億円、従業員1万9877名の大企業である。同社は元来クレジットカードなどの金融分野の受託開発やSESに強みを持ち、キャッシュレス関連サービスのリーディングカンパニーであった。

しかしながら、キャッシュレスが拡大する中で、顧客の金融機関の手数料率が下がることで、同社の強みである決済関連の市場規模が縮小していくのではないか、人月《にんげつ》商売（1人当たりの単価が月いくらで、どれだけ稼働させるかというビジネス）は縮小していくのではないかという危機感を持つようになる。そこで、これまでの受託開発ビジネスから、サービス提供のビジネスへとメタモルフォーゼをするようになる。それが「ペイシェルジュ（PAYCIERGE）」である。

ペイシェルジュは、各種のデジタル決済サービスやデジタルウォレットサービスなどを提供するデジタル決済プラットフォームである。たとえばキャッシュレスが拡大していく中で、デジタルマネーでの給与振込みが可能な「Prepaid Cube+」や加盟店向けのＱＲ決済サービス、デジタルウォレットサービスなど、20以上のサービスを展開している。

２０１９年3月期に１５０億円だった売上げは、翌年3月期には２２５億円へと拡大している。決算説明資料によれば、新サービス創出のための投資は年間１７０億円にものぼるとされている。

この新規事業は、既存ＴＩＳの受託開発事業とは別組織として権限が移譲されており、システム会社出身者よりも事業会社出身者のほうが多いため、より顧客目線のサービス開発ができる視点がある。実際に「ＱＲ×ＤＲＩＶＥ」というサービスは、事業会社出身メンバーの企画と事業推進で開発されたものである。

シンプライン社のエアーズ

次に、顧客目線の事例として、唯一フレームワークには当てはまらないが、自社の得意技術を活用してサービスを開発した事例として、シンプライン社の「エアーズ（AIRz）」の事例を取り上げる。同社は2005年創業、従業員60名ほどの会社で、ほとんどがエンジニア、主にクラウド型のサーバーであるAWS（アマゾン・ウェブ・サービス）に強みを置き、サーバーエンジニアのSES事業を展開している。

同社の清水優社長は売上面よりも、むしろ社員のさらなる成長機会の提供や採用上のメリットも含めて、自社サービスであるエアーズを開発しようと考えた。エアーズは見える化されにくく、コスト増になりがちなAWSサーバーの稼働状況を監視しながら、どのようにサーバーを配置すればよいのか、その未来の削減効果はいくらになるのか、実際にいつから最適化するのかといったコストカットをシステム上から行えるサービスである。

これは、同社が従来得意とするAWSの知見をもとに開発を進めてきたものである。自社サービスといえばまったく新しい領域に参入するイメージが大きいが、この事例を見れば、システム開発会社であっても自社の強みを活かしながらサービス開発を行うほうが低リスクかつ事業立ち上げの精度も高いといえるだろう。

また、開発の状況については清水社長が日々ブログに綴っているが、その中で参考となるのが、「**目の前の1人のユーザーに気に入ってもらえるサービスか**」という視点である。サービスを立ち上げようとすると、大きな市場、多数のユーザーというところに目がいきがちだが、売上げを上げてくれるのは１人１人のユーザーである。その視点を忘れずに事業を行っている視点は、改めて参考となるであろう。

ＴＩＳ社とシンプライン社の事例から学べること

以上２つの事例から、経営戦略上、何を参考にすべきだろうか。

それは、**自社の社員だけでなく、ユーザーや他業界の視点を取り入れて、より顧客目線で事業を変革していかなければならない点**である。とかく自社が長く根差した業界であれば、これまでの固定観念で何ができる、何ができないということを固定化しがちである。その議論をしていては、なかなか次の事業が育たず、結局元の事業のほうが収益もあるし、よいではないかという結論になってしまう。

そこで、自社の視点だけでなく、ユーザー目線に立った開発を行うためには、その業界のユーザーを社内に巻き込んでいき、より俯瞰的な視点からサービスを見渡す必要がある。業界の慣習や自社の目線だけにとらわれていないか、改めて確認し、経営戦略の見直しを図っていただきたい。

8-4 SDGs：IT業界がSDGsの中心に

NECのSDGsの取り組み

本章の最後に、ＩＴ業界が今後のＳＤＧｓの牽引役になるという話をしていこう。

ここまで、ＳＤＧｓというと、ＩＫＥＡやＨ&Ｍ、大川印刷など、多くはものづくりを行っている企業が中心であったが、今後はＩＢＭがＩＢＭ版の海外青年協力隊を派遣しているように、**ＩＴ技術によってSDGsは進化していく**だろう。

この点、国内企業でトップをいくのが、ＮＥＣである。ＮＥＣはＳＤＧｓビジョンである、「Orchestrating a brighter world」の下、代表取締役ＣＥＯの新野隆社長自らがリーダーシップを取り、最先端のＩＣＴ、テクノロジーを活用したさまざまなＳＤＧｓの取り組みを世界中で行っている。

たとえば、チリでの給食支援がある。チリでは社会課題として、子供の肥満率が高いこと、給食が適正に配給されているかわからないという課題を抱えていた。そこでNECでは、公立学校1200校に対して、指紋認証を活用した給食配給管理システムを構築した。専用端末による照合結果をもとに、給食と交換ができるバウチャー（引換券）が発券されることで、必ず配給を受けられるようになった。また、肥満管理のために、個別の給食配給履歴を付けられるため、栄養管理にも役立つようになった。

他にも長崎大学と共同で、ケニアで生体認証技術を活用した、電子母子健康医療情報整備も展開している。ケニアでは、母子手帳冊子が紛失などで適切に引き継がれて運用がなされていないため、病歴や予防接種の情報がわからず、5歳未満児と妊産婦の死亡率が高い状態が続くなど、適切な母子健康サービスが整えられていなかった。

そこでNECでは、ケニア・クワレ郡の保健所で取得した母親の指紋、写真を長崎大学の母子保健情報システムに登録した。登録された母子の情報をもとに、出生情報、病歴や治療歴、予防接種の情報が管理できるだけでなく、NECの自動指紋照合システムを活用することで、母子手帳冊子の紛失時や不携帯時でも本人確認が可能となり、急な容態の悪化が起きた場合にも、適切な処置が行えるようになった。

以上のように、NECの事例では、自社の得意分野である先端ICT技術を軸に、社会の複雑な課題を解決しながらも、売上げを向上させることもできている。実際にNECでは２０１４年からこれらの活動をスタートさせているが、世界中でこれらの活動を行うことで、電子カルテシステムや自治体向けの業務支援サービスなどが大きく拡大。20年3月期には純利益が過去最高の１千億円となっている。

SORABITO社が提供するALLSTOCKER

他にもSORABITO社が運営するALLSTOCKERも、「アフターコロナ」におけるＳＤＧｓ領域として注目すべきサービスである。同社は２０１４年に創業され、建設機械や重機、農機などの売買プラットフォームをグローバルに展開している。

ALLSTOCKERでは、日本企業が利用しなくなった建築機械や重機を鑑定し、機械の状態を適切に伝えること、決済機能を持つこと、物流機能を持つことの３つの価値を訴求することで、１５０を超える国や地域に販売している。日本で不要となった建設機械や重機なども、中国や台湾、東南アジアではインフラ整備に十分活用できたり、交換用の部品としても重宝されている。累計18億円の資金調達を行う「アフターコロナ」で注目の企業といえる。

IT業界のSDGsの事例から学べること

以上の2つの事例から、経営戦略上、何を参考にできるだろうか。

これら2つの事例は、どれも**自社の本業を軸に本業の延長線上でSDGsの解決を行っている。**これまでも多数の事例を見てきたが、どの企業も、経営戦略の中で、自社の活動がSDGsに結びついていた。

したがって、無理にSDGsのロードマップやアクションプランを立てるのではなく、自社にSDGsの視点を採り入れるとどのように新しい事業展開を行うことができるのかという視点から経営戦略を見つめ直すと、よりSDGsが企業の業績にリンクするであろう。

第9章

「生き残り」から「脱・近視眼へ」

9-1 生き抜くことと次への種まきの両立

ここまでの議論の振り返り

第1部ではしばらく続くと思われる「ウィズコロナ」の時代に企業はどのような戦略が求められるのか、第2部では、「アフターコロナ」の時代に突入した場合に、企業はどのように戦略を切り替えなければならないのかに注目して、さまざまな事例の解説を行ってきた。

最後の第3部では、これまでの内容をまとめながら、読者が疑問に思う点を中心に、解説を行っていこう。まず第9章では、**企業の今後の戦略面についてどのようにすればよいか**、これまでの内容を振り返りながら、読者の悩みが多いポイントについて、追加的な解説を行っていく。

第1部の「ウィズコロナ」の時代においては、コロナ後のニューノーマルとして、人口減少社会＝需要減少が進む中で、キャッシュフロー・マネジメントが重要であること、そのためには、自社の今後の成長性と事業構造を見極めて、M&Aなどで事業売却を駆使しながら、次の事業に転換しなければならないことを述べた。

次に、イノベーションやグローバル化など、近年の日本企業のホットイシューについても取り上げた。その中で、現時点で持ち得る限りの情報では、イノベーションを起こすには3年以上かかる上にそこまで容易ではないことから、キャッシュフローに余裕のない企業は大きな投資を行わないほうがよいこと、大規模なイノベーションよりも、チャネルシフトへの対応でも十分な事業機会が得られることを解説した。グローバル化については、中国を除く海外の需要がいまだ安定していない「ウィズコロナ」の中で、グローバル化のメリットを売上面だけに置くのではなく、人材育成など、別のメリットを短期的には求めるべきであることも述べた。

次に第2部では、「アフターコロナ」において企業が経営戦略上対応しなければならない、サブスクリプション（S）、DX（D）、メタモルフォーゼ（M）、SDGs（S）のそれぞれの頭文字を掲げた「SDMS」のそれぞれについて、何年後くらいをめどに取り組み、成果を上げなければならないのかについて述べた。そして、第6章から第8章までの3章をかけて、それぞれの戦略策定に役立つ事例を多数紹介してきた。

ペンローズとバーゲルマンが唱えた成長戦略の要諦

一方で、これまでの議論を踏まえ、読者の中には、「『ウィズコロナ』の中で、現在の生き残り策も取らなければならないが、『アフターコロナ』での成長のための種まきもしたい」と感じられた人も多いだろう。この点について、経営戦略論の視点から追加的な解説をしておきたい。経営戦略論においては多角化についてのさまざまな研究がなされているが、中でもエディス・ペンローズが1959年に発表した『企業成長の理論』(ダイヤモンド社)は、企業の成長戦略についての優れた書籍である。ペンローズは企業がどのように成長するのか、そして会社が多角化する際のロジックは何か、という議論をしているのだが、この著書には新規事業に関する重要なヒントがある。

ペンローズは、どのようなときに企業が新しい事業を展開するべきなのか、つまり多角化するべきなのか、という点について、ひとつの答えを示している。それは、企業や事業を立ち上げていくにあたっての「経営者が考える時間や事業立ち上げのノウハウ、資金力、経営者の野心、企業内のリソース(以上を経営的サービスと呼ぶ)」を投入できる余力があるときとしている。一方で企業が成長を行わない、もしくは行えない要因については、非効率な経営や不十分な資金調達能力、変化する環境への適応力がないこととしている。

ペンローズの議論を現代風にアレンジするのであれば、**経営陣が新規事業を立ち上げたり、投資を行う余力と気力と野心があれば、「ウィズコロナ」の中でも「アフターコロナ」に向けた種まきは行ってよい**ことになる。企業によって「ウィズコロナ」から受ける影響も異なるため具体的な基準を決めることは難しいが、苦労せず借入を行うことができる財務状態であったり、ネットキャッシュの状態で、経営者が目先の資金調達の心配をせずに投資ができる状態であれば種まきをしてもよいと思われる。

新規事業については、もう1冊大きな示唆を与えてくれる書籍がある。インテルの戦略転換の研究で著名なロバート・A・バーゲルマンが書いた『インテルの戦略』（ダイヤモンド社）である。バーゲルマンはこの本の中で、企業が戦略を転換していくプロセスを「戦略形成プロセス」と名付けて説明している。

新たな事業機会を発見するのは、現場レベルで顧客からの不満や新しいニーズをヒアリングする中で新商品開発にチャレンジするといった現場の自主的な開発活動の目的と意図であり、現場には次の事業のネタが転がっていることが多い。それに対してミドルマネジメントは十分に理解し、それを汲み上げて予算取りをする必要がある。そのためには新規事業の芽を保護し、それに戦略的な意味付けを行い、トップマネジメントを説得しなければばならない。それを受けて、トップマネジメントが経営面と技術面での意味付けを行い、その事業に必要な資源の配分とサポートが行われ、トップマネジメントが経営戦略の転換を許容するような状況と能力が必要であると指摘している。

このバーゲルマンの指摘は理論的でわかりにくいかもしれない。そこで、現在の状況に即していえばこういうことになる。

「アフターコロナ」に向けた新しい事業の芽は、現場レベルの社員が既に顧客との日々の会話の中から見つけている。それを**「面白そうだからやってみたい」と思うかどうか**。これが最初のハードルで、バーゲルマンが「現場レベルの企業家的な活動」と述べたものである。けれども、「やってみたい」と言ったところで、予算もないし、時間もない。そこで現場は上司であるミドルマネジメントに「『アフターコロナ』でこういう事業をやってみたらどうか。これこれの理由でニーズが高そうだ」という話をして、許可と予算をもらう必要がある。しかしミドルマネジメントとしても、いきなり「予算や時間をほしい」と言われても、急な予算確保は難しい。ましてやこのコロナの中で自身の決断では決められない。そこで、「なぜ、そのような事業がよいのか」「どのくらいの期間でいくらかかるのか」といった戦略的なことも含めて、トップマネジメントから予算取りや会社の方向性についての承認をもらう必要がある。そしてトップマネジメントは、これまでの経緯を含めてミドルマネジメントから話を聞き、自社の戦略上の課題や資金面、技術面などを総合的に判断して、会社の戦略として「アフターコロナ」においてこの事業に投資してよいのかを決める。これがボトムアップで戦略を展開するプロセスである。確かに、トップダウンではない企業であれば、このような戦略形成プロセスが一般的な企業も多い。

以上、ペンローズとバーゲルマンが指摘したことから考えれば、第1部で述べたように、「ウィズコロナ」の中でも、経営者の能力や野心、事業立ち上げに使う余力がある企業であれば、苦しい中でも成長戦略を切り開く道を探っていくべきである。一方で、そのような余力のある企業は大企業といえどもそこまで多くないだろう。筆者が一部上場企業の2020年3月期決算を100社ほど見たところ、多くの企業において、設備や研究開発などへの本年度の投資額は半額程度にまで減少している。自社の財務状態や社内での対応の優先順位などを冷静に見極めた上で、新規事業に取り組むべきか判断していただきたい。

経営的サービスに余力がない企業でもコロナ禍で準備はできる

では、そのような余力がない企業は、どうすればよいだろうか。その答えは、**ミドルマネジメントは現場レベルで生まれている「アフターコロナ」に向けた事業の芽を摘まない**

ようにすることだけである。一方、**トップマネジメントは、ミドルマネジメントが現場で感じつつある新しい事業の芽を「見込みがない」「お金がない」と頭から否定せず、まずは企画の検討などのサポートに徹すること**である。企画検討や簡単なフィールドリサーチ程度なら、現在は「ビザスク」などの安価にフィールドリサーチができるサービスもある。

他にも、リクルート社が行っている新規事業の社内コンペ「RING」のように、社員が次の芽を発表する場を作ることもひとつの手である。サイバーエージェントも同様に、社内で経営陣と次期経営陣がチームを組み、会社の次の一手を考える「あした会議」を開いて、事業のディスカッションを行っている。サイバーエージェントのプレスリリースを見ると、「ウィズコロナ」に対応した新しいサービスを展開する会社を多数設立していることから、この「あした会議」が有効に機能しているといえる。

何より、これらの活動であれば、すぐに多額の資金が必要になることもなく、次の事業の芽も摘まずに済む。若手社員が閉塞感を覚えることもない。売上げが会社の難を隠すというが、それと同様に次の手が見えていないことは閉塞感を生む。

したがって、「アフターコロナ」を見据え、まずはボトムアップで次の一手となるサービスの企画を募集することから始めるのがよい。公募制にして、経営陣が1つずつチェックすることで、会社の活力にもなるだろう。

9-2 「両利きの経営」を再考する

「知識の深耕」と「知識の探索」

読者の中でチャールズ・A・オライリー、マイケル・L・タッシュマンの『両利きの経営』（東洋経済新報社）を読んだことがある人は多いだろう。この本で述べられていることは、「アフターコロナ」の経営戦略を考える上でヒントになることが多くある。特に「**知識の深耕**」と「**知識の探索**」という概念は大いに参考になる。

これについては、まず著者の2人がどのような議論を行ってきたのか、その背景を整理して見ていきたい。

もともと彼らが示した「知識の深耕」と「知識の探索」という概念は、組織学研究家のジェームズ・マーチが提唱したものである。彼が1991年の論文で指摘したのは、事業が成功している企業が陥りがちな「成功の罠（サクセス・トラップ）」である。

多くの企業で既存のエリートグループが経営の中心になると、すぐに成果が出て、フィードバックも適切に行える、つまり知識の効率的な処理が進み、既に獲得済みの知識を使用する知識の深耕（exploitation）が活発化される。一方、新たな知識を獲得する知識の探索（exploration）は、短期的に見ると企業のメリットは少ないため非効率な行為である。

したがって企業は徐々に近視眼的になり、短期的には必要ないが、中長期的に必要な新しい知識の獲得が疎かになってしまう。これが「成功の罠」である。

具体的には次のパターンが当てはまる。エリートサラリーマン中心の企業で、これまでの経験をもとに4年間社長をやるとする。そうなると、短期間で成果が出せて、4年間の任期を務められれば十分である。すると、これまでの商品を少しだけ改善したものを発表したり、既存商品のラインナップを増やしたりと、特にコストやリスクを必要としない活動（知識の深耕）は行う一方で、新しい事業を開拓したり、次の会社の柱となるようなR&D活動に積極的な投資をしたりといった、コストやリスクが生じる活動（知識の探索）はしなくなってしまう。すると、短期的には必要ないが、中長期で必要な事業が育たなくなるという罠にはまってしまうのである。

マーチの議論を発展させた「両利きの経営」

このマーチの組織学習論の議論をベースにしたのが、オライリーとタッシュマンの『両利きの経営』である。現在の事業の周辺知識を活かした事業ばかりを行い、新たな事業を育てるための知識やノウハウの獲得をしなければ、イノベーションのための種を見つけられず、結果的にイノベーションが起きなくなるのではないか、と考えたのである。

「知識の深耕」と「知識の探索」どちらも行う両利きの経営は、既存事業の中で行おうとすると「成功の罠」にかかってしまい難しい。そこで、知識の深耕は既存組織で、知識の探索は新規会社にスピンアウトさせるか、半独立型で行うべきであるとした。

ただし、新規会社を設立するだけで、その後は任せっぱなしでは新規会社が立ち行かなくなってしまうから、既存事業にも顔が利くような強いリーダーシップがある経営陣の1人が強く既存事業をサポートし、かつ組織がバラバラにならないように、既存組織と同じビジョンを新しい会社も持つべきと述べている。グーグルが革新的なプロジェクトをグーグルXと称して、半独立の組織の中で開発しているが、グーグルのビジョンである「Don't evil（悪魔になるな）」は共有しており、まだ人類がチャレンジに成功していない、難易度の高い自動運転や宇宙旅行などの社会課題などをグーグルXは担当しているというのが、最も知られている両利きの経営の成功例である。

先の見えない「ウィズコロナ」で両利きの経営を行うには?

「両利きの経営」の考え方をもとに考えると、新しいイノベーションを起こすためにアイデアや知識を広げるためには、新会社もしくは既存のチームをスピンアウトさせ、そのチームを力強くサポートしながら、一定の権限も渡せるマネジメントが存在すればよいことになる。

その役目を担うのは、中小企業であれば、経営者(大多数はオーナー)が中心となるであろうし、大企業であれば創業者兼オーナーがすべてを見ることが多い。たとえば、ソフトバンクは注力分野であるファンド事業は孫正義会長の管轄下で、楽天は三木谷浩史社長が携帯電話事業などの注力分野については積極的な関与を行っている。サイバーエージェントも注力分野のABEMAについては藤田晋社長の管轄である。一方でオーナーが既存事業で手一杯の企業もある。そうした場合には、専務や常務といったしかるべき立場の人が見るべきことになる。

ここで注意すべきなのは、オライリーとタッシュマンは、スピンアウトや半独立の新会社をサポートするのは、既存の経営陣の中でも本業の担当取締役やその他の取締役をも諫《いさ》めることができる実力のある経営陣と指摘している点である。新規事業担当の責任者へ丸投げして、うまくいかなかったときにはその責任者のせいだ、としてはならないということである。

本書でも何度か、既存の経営陣がデジタル責任者であるCDOをサポートしてDXに取り組むべきだと指摘したが、特にDXについては、既存の経営陣がテクノロジーへの知見、デジタルを活用した新規事業の経験が浅いことが多い。そのため、テクノロジーに関する知見がある人のサポートが必要となる。

「知識の探索」については、オーナーや影響力のある経営陣の余力を活用して、大きな追加コストが発生しないようにコントロールしながら行うべきである。

一方で「知識の深耕」については、そこまで大きなコストは発生しない。むしろ第3章で紹介したトヨタの事例のように、不況をチャンスとみて、積極的に改善活動を行ったり、既存の業務プロセスを見直したりといった活動は、コスト削減にもつながり、「アフターコロナ」での競争力の源泉ともなる。

9-3 「アフターコロナ」で企業の時間軸はどうなるか？

四半期決算は必要か？

本章の最後で、四半期決算などが延期される中、**企業のIR活動はどのように変化するのか**について考えてみたい。

これについては、「コロナショックの影響で四半期決算が延期されても特に大きな影響はなかった」「四半期決算で近視眼的になりがちだった企業の経営の時間軸は長くなるだろう」「四半期決算が本当に必要なのか、『アフターコロナ』の世界では集中的に議論するべきだ」などとさまざまな指摘がなされている。実際、コロナによって、取りあえず今回は四半期決算の開示を延期した企業も少なくないだろう。

この「四半期決算は必要ないのではないか」という議論は、リーマンショックの際にも盛んにされていた。その際には、「投資銀行や格付け機関が四半期決算を重視した結果、リーマンショックを招いた」という理由から、四半期決算の廃止について議論がなされたが、結果的に現在まで四半期決算は有用として存続している。

そこで筆者の意見としては、四半期決算の内容については拡充する、もしくは内容を見直す必要はあるかもしれないが、四半期決算自体は投資家にとってタイムリーな投資判断を行うために必要なものであり、なくなるものではないから、経営者としては、**中長期的に自社はどのように経営を行うのか、その結果現在の四半期決算がどのような着地になっているのか、という点を理路整然と説く**必要がある。

そのようにいうと、「日々の業績の上下で売買するような短期的な投資家が悪い」「うちの株価はなぜこんなに低いのだ」などという経営者がいるが、投資の市場にはデイトレーダーのような短期的に売り買いを行う人がいる一方で、年金基金のような超長期の投資家など、さまざまな人がいて市場が成立している。したがって、短期の投資家が悪いのではなく、本来はそのような投資家にも「長く持っていたい」と思われるようなＩＲ、ディスクロージャーをしていかなければならないのである。

中期経営計画のジレンマにはまる日本企業

さらにそこから考えると、日本企業は短期的な財務の数字を意識した経営を行いがちであったり、アメリカのＧＡＦＡ企業などと比べてビジョンがはっきりしない、スケールが小さいと思われたりしがちである。その理由として、四半期決算というよりも、むしろ**日本企業独自の中期経営計画にあるのではないか**と考えている。

中期経営計画はたいてい3〜5年程度という比較的短期間のものであり、何年度までに売上げと営業利益はこのくらいにする、その際にはどの事業でいくらの数字を達成するといった数値が並ぶ。中期経営計画は、確かに直近で何をしていくのかを投資家に説明するためのアクションプランにはなるが、中長期的に企業をどのように経営していきたいのか、という点にはほとんど視点がいかない。

中期経営計画は、あくまで数字では図りにくい中長期の経営方針を具体化したものであるべきだが、私がコンサルティングを行った企業の中には、中期経営計画との差分をどのように埋めるのかという点にばかり視点がいっているところがあった。中期経営計画は、長期の目標を達成するためのひとつのマイルストーンにすぎない。中期経営計画によって、長期の目標が達成できなくなるジレンマに陥ってしまっては本末転倒である。「このままでは中期経営計画が達成できないからM＆Aで差分埋めをしよう」「前回までの中期経営計画は3％の売上成長だったから、次の中期経営計画は4％の売上成長にしよう」などと、エリート社員が恣意的に数字をやりくりしているだけに思える場面にも出くわしたことがある。

これとは反対に、グーグルのように、10％の改善（日本企業では2～3％ぐらいであるが）ではなく10倍の価値を求め、壮大で野心的な目標を掲げ、一見したら無理かもしれないプロジェクトに果敢に挑戦することを、「ムーンショット型経営」と呼ぶ。前述のグーグルXは、まさに自動運転などムーンショット型の経営を行うための特別組織である。

実は、日本でもムーンショット型にならなければならないという議論は進みつつある。2019年度以降、日本政府もグーグル流のムーンショット型のイノベーションを推進する協議会や制度を整え始めているので、近いうちにムーンショット型の企業に変革を迫られるかもしれない。

このような大胆で一見実現不可能にも思える目標を立てるのは、既存の日本企業ではなかなか難易度が高い。ただし、ムーンショットとはいわないまでも、本書で示したSDMSのフレームワークのように、短期の視点から中長期的な視点までを持って戦略を立て、それを実行することは、サラリーマン型の企業でも難しくないはずである。

「アフターコロナ」で日本企業が目線を上げるには？

日本企業が短期思考、近視眼に陥らないためには、中期経営計画という罠にはまりすぎず、**より時間軸の長い視点から、自社がどうしたいのかを投資家に訴えること**である。実際に上場を成し遂げたベンチャー企業の中にはそのような企業があるが、株価は堅調であるどころか、多くの上場企業よりも価値が高い。

したがって、短期思考、近視眼に陥りがちなのは、四半期決算の問題ではなく、主に**日本企業独特の中期経営計画が問題である**ことになる。この中期経営計画のジレンマ状態から抜け出せるか、きちんとしたビジョンを持つ、経営戦略と市場との対話の3点セットが「アフターコロナ」の時代では求められるようになるのではないだろうか。

第10章

組織と人との関係はどうなるのか？

10-1 人「材」から人「才」へ

「アフターコロナ」では社員への投資が不可欠

本章ではこれまで議論されていた戦略論の話からやや横道にそれて、戦略を実現する組織が「アフターコロナ」でどのように変化していくのかについて考察をしていきたい。

コロナウイルスが蔓延した前後で、世の中で最も大きく変化したのはテレワークの普及だろう。これまで人と人が会社で顔を合わせて仕事をしていたところから、営業の仕方やチームマネジメントの仕方、果てはオフィスのフロア数削減や通勤交通費、残業手当まで、緊急事態宣言後はこれまでの人事制度を大きく見直すべきタイミングが来ている。

「ウィズコロナ」の第2波を乗り越え、ワクチン開発が成功した「アフターコロナ」の世界においても、テレワークや残業時間の削減など、生産性を改善させるための施策は引き続き取られていくだろう。都内を中心に高額なオフィスに入居することも減っていく可能性がある。

では、これらのさまざまな施策が検討される中、「アフターコロナ」の先に組織面で企業は何をしていくべきか。

筆者は、**従業員に対して知識向上や新たなスキル開発などの投資を行うべきだ**と考えている。多くの企業が取り組んでいる生産性については、ＲＰＡなどの業務効率化につながるようなＩＴ投資、テレワークのような移動時間や場所に制限されない働き方で幾分かは改善されるだろう。しかし根本的な課題は、システム化やマニュアル化などでは解決できない。社員がこれまで以上の能力を発揮したり、今までとは違う業務にチャレンジしたりできるような知識の向上やスキルアップ、業務チェンジなどを進めていく必要がある。そのためには社員投資が不可欠である。

部品やパーツのひとつではなく、個々の才能を活かす組織へ

これまで日本企業は社員を人「材」として扱っていた。「材」の語源は本来、川の氾濫をせき止めるための「良質な木材・材料」という意味である。人という良質な木材があれば企業はうまく経営できる。しかしながら、木材も、何も手入れをしなければ徐々に悪く

なっていくから定期的にメンテナンスをしなければならない。

さらにいえば、日本企業は人「材」という意味を文字通り、材料のひとつ、部品のひとつのように使っていたのではないか。コロナショックが起きるまでは好景気でとにかく人がいればよかったので、個人個人の生産性の問題は後回しでもよかった。一方で、今後は「7割経済」ともいわれている中で、しばらくの間はこれまで通りの消費が戻るかどうかは不透明であり、さらにはDXの流れも含めて、これまで以上に生産性を上げていかなければならない。**人「材」ではなく、人「才」として、それぞれ個人個人の能力を上げ、才能を活かすための制度や従業員への投資を行っていかなければならない**のである。

たとえば、これまで営業事務をしていた人が、データサイエンティストになることを会社で支援すればよい。営業メンバーがエンジニアになれば、コミュニケーション力も高く、会社の新しいサービスを任せられる可能性も高くなる。

他にも経理や管理部門のスキルアップを行い、社内の業務だけでなく、他社の業務も請け負ってアウトソーシングサービサーになる方法までもあり得る。こうなれば、管理部門はコストセンターではなく、プロフィットセンターにもなる。

一方でこのような提案には、「極端だ」「そのような予算はない」「投資をした途端に社員が辞めたらどうするんだ」と考える経営者がいることは重々承知である。実際に経営者からそのように言われたことがある。そのような経営者の方、特に大企業の経営者の方には、次のようにお伝えするようにしている。

「おっしゃることはごもっともです。予算がないのも重々承知しています。確かに、せっかくスキルアップした社員が辞めたら困りますよね。実際、過去のMBAブームの際も優秀な人から投資銀行やコンサルティングファームに行ってしまったなんてことがありました。でも、今回は選ばれし数人のエリートに1名当たり年間2千万円、1億円の投資をしてほしいという話をしているわけではないのです。そうではなく、むしろ社員全員が生き生き働いてくれて、この会社で働けてよかったと思ってくれたほうがよいのではないですか。全体の5％未満のエリート教育も大事ですが、全体が1％改善されたほうが利益に貢献します。そもそもスキルアップした社員が全員辞めるわけでもないですし、今すぐ工場を建設せよとか、新規のR＆D投資に100億円投資しなさい、などと言っているわけでもありません。千人の社員でしたら一律30万円でも3億円です。中には興味がない人もいるでしょうから、実際は応募制にすれば希望者は全社員の30％くらいに収まります。やる気があるのは正社員より契約社員や派遣社員だったという話も耳にします」という形である。実際はもう少しオブラートに包んだ形で伝えてはいるが……。

社員への投資が最も リターンが高いと考えるオーナー社長

以上、少し長い説明となってしまったが、社員が成長することへ投資することはリターンが高いといえる。このような話をある上場オーナー経営者にしたところ、次のような印象的な考えを聞くことができた。

彼いわく、「経営者の中には社員への投資や、優秀な人材を採用することに投資をしない人がいるが、計算ができていないのではないか。あなたが言うように3億円を工場や新規事業にかけても、うまくいくかどうかはわからない。むしろ3億円の投資を10回か20回繰り返して、その中から100億円になって返ってくる投資があったらラッキーというくらいだろう。運の要素も強く、再現性は低い。一方で、社員に投資をすれば、投資額の10%の利益を毎年出してもらうのは簡単だ。30万円投資したなら毎年3万円分生産性を上げてもらえればいい。何か1つ新しいことにチャレンジして、会社に貢献してくれれば、それで3万円どころか10万円以上になることのほうが多い。ヘッドハンティングもそうだ。優秀な人材を今より10%から20%給料を上げて採用しても、その投資額以上の頑張りをしてもらえればいい。それができないのはその人のせいではなく、会社の環境のせいだ」と。

読者が若手社員や中間管理職であれば、なかなかこのような提案を会社にすることは難しいかもしれない。そのような人も安心していただきたい。自分が新しい能力やスキルを身につけて、活躍すればよい。もしくは、コンサルタントなどの外圧を使う方法も有効である。

現在はインターネットでのEラーニングの市場も発達してきているから、弁護士や会計士といった超難関資格といわれるものでも、60万円から70万円くらいで取得できるものもあるし、受講が終われば国から30％の給付金も出る。また、エンジニアリングを学ぶサービスもオンラインのもので30万円から40万円くらいのものがあるから手が出せないレベルでもなくなった。

これまでに前例のない「ニューノーマル」といわれている中で、「アフターコロナ」においては、企業はこれまで以上に社員個人個人の才能を伸ばしていかなければならない。もし資金がなければ1名1名としっかり向き合い、それぞれの社員と月に1回話をするだけでもよい。彼らの成長をサポートするのである。また、人が足りないからとやみくもに採用するよりも、既存社員1人1人としっかり向き合い、それぞれの社員がこれまで以上に成長するためにはどうしたらよいのか。これを真摯に考えていく必要がある。

10-2 「アフターコロナ」で重要なのは「顧客満足度」か「従業員満足度」か？

何より重要なのは「従業員満足度」

社員1人1人と向き合うという話の中で、最近よく質問を受けるのが、「アフターコロナ」では「顧客満足度」をまず追求するべきか、それとも「従業員満足度」を追求するべきかという質問である。

この質問への答えは、経営者の考え方やサービス内容によっても異なるため、答えるのが非常に難しい。サービス業などでは「従業員満足度」が「顧客満足度」につながるといわれてきたが、「アフターコロナ」においては他の業界もそのようになる可能性がある。

「アフターコロナ」において多くの人の価値観が変わり、消費行動も変化する中で、その変化に対応し、それを乗り越えていくのは、経営者であり社員である。すると、「アフターコロナ」でも力を発揮したいと社員から思ってもらえる要素が会社になければ、優秀な人材から退職していく事態になりかねない。

さらには、テレワークなどが広がる中で、「ウィズコロナ」、そして「アフターコロナ」でも**「従業員満足度」の高い環境を求める流れは止まりそうにもない**。すると、「従業員満足度」の低い会社には、優秀な人材が集まりにくくなる。結果、優秀な人材がいる会社は、「アフターコロナ」に向けた対応が早期に実現され、それが「顧客満足度」につながるのに対して、そうではない会社は、「アフターコロナ」に向けた対応が後手後手に回ることが起き得る。

ここで間違っていただきたくないのが、「従業員満足度」とは、何も働きやすいホワイト企業だけを意味するわけではないことである。社内で適度な競争環境があり、切磋琢磨できる環境がなければ、ただのぬるま湯に浸かっているだけで、「アフターコロナ」に向けた改革は進まない。

GAFAも「従業員満足度」が高いが、どの企業も厳しい競争環境の中で、尊敬できるチームメイトやライバルでもある同期などとの切磋琢磨の中で、明日の世の中を変えるようなサービス作りを行っている。

たとえば、グーグルは従業員の満足度を高めながら、自律性を促進する方法として、図40の5つのプロセスが必要であると述べている。

図40　グーグルのチームが自律的に活動するための５つのルール

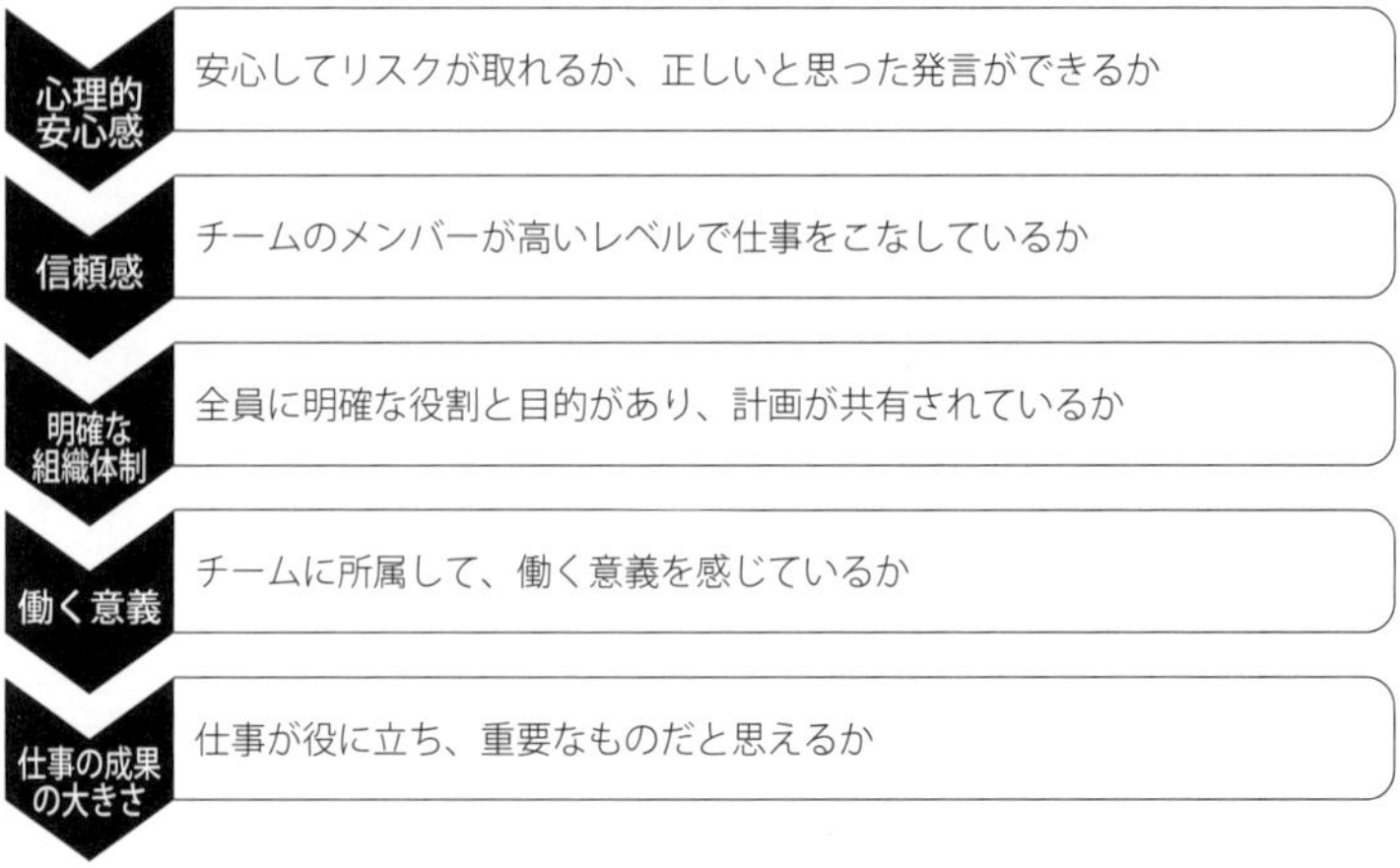
心理的安心感
安心してリスクが取れるか、正しいと思った発言ができるか
信頼感
チームのメンバーが高いレベルで仕事をこなしているか
明確な組織体制
全員に明確な役割と目的があり、計画が共有されているか
働く意義
チームに所属して、働く意義を感じているか
仕事の成果の大きさ
仕事が役に立ち、重要なものだと思えるか

出典：Google re:Work『The five keys to a successful Google team』

１つ目は心理的安心感である。チーム内で新しいチャレンジをすること、自身の意見をきちんと伝えることができる環境か否かということである。

２つ目は信頼感である。各自が自社の高い要求水準に達して仕事をクリアできているのかが、信頼感につながるとしている。日本企業であれば、お互いの仲のよさが信頼感につながると考えがちだが、グーグルでは、お互いが高いレベルで仕事ができているのかが信頼感につながると考えている。

３つ目は明確な組織体制である。全員に明確な役割や計画、そして目標があり、それが効率的にこなしていける体制があるのかどうかである。

４つ目は組織で働く意義があるかどうか

である。各自が組織やチームでなぜ働きたいのか、この働く意義があるのかどうかが重要である。この点については、前述の通りである。

最後の5つ目は仕事の成果の大きさである。組織、チームの全員が、自身の仕事が役に立ち、重要性があると認識しているかどうかである。

これら5つについて、日本企業で達成できている企業がどのくらいあるだろうか。「従業員満足度」を考える際には、このグーグルの5つのプロセスを念頭に置いて、自社がどの項目を満たしているかを点検していただきたい。

以上、「アフターコロナ」におけるあるべき組織とは、この会社で働けば働きやすい、チームワークがよいというだけでなく、それぞれの成長や社会への課題解決につながるか、メンバーは優秀で信頼し合えるかが主要になる。そして、それらの総合判断として「従業員満足度」が重視されるようになり、その結果として、「顧客満足度」が上がる形になっていくのではないだろうか。

10-3 リモートワーク時代に生きがいを見つけることの重要性

「アフターコロナ」時代の組織マネジメント

「アフターコロナ」において社員への投資や、モチベーションへの理解、リモートワークの増加、社員1人1人がそれぞれの働きがいや生きがいを感じやすくなる、といった状況の中で**組織のマネジメントはどのように変わるのか**、といった点も「アフターコロナ」では新しいテーマのひとつとなるであろう。

まず働く側の視点としては、企業経営者であろうと、新入社員であろうと、それぞれの「ワーク」と「ライフ」を、改めてどのようにバランスを取るのか。仕事メインなのか、仕事とライフを半分半分にするのか、といったことが本来的な「ワーク・ライフ・バランス」の定義になる。これをワークとライフの間にコンフリクト（衝突）がない状態ともいう。

精神科医の杉本研士氏が2020年5月22日のテレビ東京『ワールドビジネスサテライト』の中で、「この国の人は、私は何々であるべき、という思考パターンに陥りがちである。自分がどうありたいのかに気づくことができ、よりどころが得られたら世界が変わる」と指摘している。

これはつまり、「ワーク」が好きな人は「ワーク」をとにかく重視するのでもよいし、「ライフ」を充実させて、「ワーク」はほどほどでもよい、という考え方でもよい。ダイバーシティが重要な時代、それぞれの背景が異なるのだから、考え方を押し付けるのではなく、本人の自主性を重視すべきということである。

組織成立の3つの条件と「アフターコロナ」の課題

では、マネジメントする視点からは、これらの「アフターコロナ」における個人の価値観や働き方の変化は、どのように影響するのか。

そもそも組織とは何かについてニュージャージー・ベルの経営者であったチェスター・バーナードは『経営者の役割』（ダイヤモンド社）の中で、「2人以上の人間の意識的に調整された、諸活動および諸力の体系」であると述べ、組織を維持していくためには、①共通目的、②貢献意欲、③コミュニケーションが必要であるとした。

これをもとに「アフターコロナ」の組織について考えると、今後の組織は、①と③について、企業のこれまでの目的と個人の多様化していく目的を一致させていくための対話、コミュニケーションが必要で、②両者がお互いに貢献していく制度を作らなければならない、といえる。

具体的に見ていこう。①の課題解決においては、企業のビジョンを改めて全社員に伝え、事前に質問を集めて質疑応答をする施策が考えられる。経営陣のパネルディスカッションでもよい。実際にグーグルや楽天は大規模になっても、全社をつなげたウェブ会議を定期的に行っている。現在ならテレワーク慣れしている企業が多いから、ZOOMで開催すれば、全世界で同時配信ができる。そこで、**個々の社員が「アフターコロナ」で何を求めているか、価値観はどう変わったのか、今後の仕事をどうしていきたいのかを人事経由ではなく経営者自らが直接耳を傾ける必要がある。**

②の課題解決においては、成果報酬の強化も重要だが、日本企業の成果報酬制度は2005年頃に流行したが、超短期的な成果報酬に偏って、不正な売上操作やパワハラ問題、無理なリストラなどが横行した結果、優秀な人材が真っ先に退職するという惨憺《さんたん》たる結果を招いた経緯がある（これについて詳しくは、高橋伸夫『虚妄の成果主義』（日経BP社）

参照)。したがって、成果報酬をただ強化するのではなく、個人個人の役割を明らかにし、仕事に対して報酬を支払う**ジョブ型雇用への段階的な移行**が最も重要である。

ジョブ型雇用(職務等級)とは、個々の仕事を明確化し、仕事ごとに人をあてることで、透明で差のつく評価・報酬が実現できる制度である。一方で、現在の多くの日本企業で採用されている人事制度は職能等級といい、人に仕事がついている。日本企業は役割が曖昧であったり、頻繁に配置転換があったりすることから、長く勤めた人のほうが職能が評価されやすい傾向がある。そのため、年功序列的で、報酬や評価は横並び一線になりやすく、成果を出しても出さなくても、評価にほとんど変化がない。せいぜい賞与が30万円違うかどうかというレベルである。驚くことに、急成長のベンチャー企業でも、このような大企業型の制度が入っていることが多い。これでは、優秀な人材、特にマーケターやＡＩエンジニアなどが採用の俎上《そじょう》には載らないだろう。

筆者の友人にも名うてのエンジニアたちがいるが、彼らは普通のエンジニアの3倍仕事ができるし、仕事が好きでいつも働いており、さらには経営レベルで議論ができる知見もある。でも企業に勤めては悲しいかな１５００万円から2千万円ぐらいが最高値。外資系に行く場合を除くと、それ以上の年収を得るためには起業するしかないため、独立してフリーランスになる人も多い。これは多くの企業にとって損失である。一方でシリコンバレーなどでは2千万円のエンジニアといえばフェイスブックに入社した初年度レベルにすぎず、そのレベルのエンジニアはごまんといる。この優秀なエンジニア層への報酬制度は、企業が「アフターコロナ」においてDXを成し遂げられるか否かを決定づけることになる。特に大企業では既存の制度があり、ステークホルダーも多いためすぐにはできないだろうが、まずは議論を始めて、3年程度のスパンではジョブ型雇用への移行を成し遂げなければ人材の引き止めに苦労するだろう。もちろん、業界によってはジョブ型と従来型のミックスなどで幹部人材だけは従来型を適用してローテーションという形もありだろう。

軍隊型組織からラグビー型組織へ

これらに関連して、組織運営のスタイルはどのように変わるのか。これについても少しだけ考察しておこう。筆者の考えとしては、**これまでの軍隊型の組織のように上から下へ命令を降ろし、上の言うことは絶対だという組織から、双方が協力し合って戦いに挑むラグビー型へと移行する必要がある、**というものである。

これまでは多くの企業が軍隊型の組織だった。中途入社する人も少ないし、辞める人もほとんどいなければ、それでもよかった。しかし、労働人口が減少する中で、多くの企業で中途入社が増え、若者の退職が増加する中で、海外から優秀な人材を採用しなければならなくなった。仕事をする上で介護も子育ても何も障害がない「ないない社員」は若者だけになり、介護も子育ても抱える「あるある社員」が増加している。コロナウイルスの蔓延で、介護施設に入りたくない人も増えており、これまで以上に「あるある社員」の負担は重くなる。

「アフターコロナ」でこれまでの働き方や価値観、消費行動が大きく変わる中で、これまでとまったく同じ組織マネジメントでいいかといわれればそうでない企業のほうが多いはずだ。

近年、フレデリック・ラルーの『ティール組織』（英治出版）が話題となった。ティール組織は組織を1つの生命体として考え、組織の目標とそれを達成するために組織運営を行う。そのために上司や部下といった役割で区別するのでなく、全員が信頼し合って組織運営に当たる考え方である。

実際にはグリーン（主体性と多様性が認められる組織）とティール、アンバー（自身の役割の貫徹がモットー）とティールなどいくつかのミックスで企業の組織運営は決まる。多くの企業で、軍隊型のように徹底的にすべてを管理する形から、ティール組織が説くように、社員を信頼して一定の自由の中で自身の持ち場や役割をメインに組織運営を行う形にはなるだろう。これを筆者は近年のラグビー日本代表の活躍を見て、「ラグビー型の組織」と呼んでいる。

読者の多くがラグビー日本代表の活躍を感動して見守ったと思うが、ラグビー日本代表のような組織運営を目指して、「アフターコロナ」の組織運営を行っていくことが重要になる。

おわりに

本書をちょうど書き終えた頃、非常事態宣言の解除が行われ、わずかながら前進ムードが漂っている。しかし、通行く人のほとんどがマスク姿であり、まだ「ウィズコロナ」の世界の中にいるという認識をさせられる。

各企業の活動も「ウィズコロナ」対策で、これまで好景気で目につかなかった無理や無駄の圧縮へと向かっている。たとえば、ワタミは全店舗の20％に当たる不採算店の削減を実施すると発表。その一方、ＩＴエンジニアや機械エンジニアの派遣会社をITbookホールディングス傘下から買収し、不採算店の解消で得られる利益を脱飲食のメタモルフォーゼへと活用する構えを見せている。電通グループも２０２０年度12月期決算の第１四半期決算にて国内のデジタル化の推進とともに、海外事業で約50億円のコスト削減を実施すると発表している。「ウィズコロナ」の対応とともに、「アフターコロナ」への準備も進めている状況である。

テレワークの流れも止まりそうもない。たとえば、日立製作所は、国内社員の7割に当たる2万3千人に対して、週2～3日出社を前提とした働き方へと移行すると同時に、来年4月をめどに本書でも指摘したジョブ型雇用へと移行することを明らかにしている。日立製作所という日本を代表する企業がジョブ型雇用へと移行することを表明したことで、「アフターコロナ」の組織マネジメントについては、ジョブ型雇用が一気に進んでいくものと思われる。

また、海外でも新しい動きが起きている。アメリカではUpKeep社が2020年5月12日にさまざまな修理・メンテナンス業者がスマホ上から機械エンジニアの派遣を簡単に依頼できるサービスに36億ドルを調達した。他にも、ＥＣ需要の拡大に伴う配送需要の広がりや、消費行動にオンラインとオフラインの垣根がなくなっていく中で、瞬間的に大量のバーコードの読取りができたり、バーコードデータとオンライン上の口コミデータをつなげたりすることができるサービスを提供するSCANDIT社が100億ドルの資金調達を発表。「アフターコロナ」に向けて最先端なテクノロジーも次々と登場してきている。中国でも本書の中で紹介した叮咚買菜が5月14日に30億ドルの資金調達をしたと発表している。

日本でもエンジニアを目指す人への教育サービス「テックキャンプ」を提供するｄｉｖが5月29日に18・3億円を資金調達した。「アフターコロナ」において、エンジニアの重要性が投資家にも理解され、これらのサービスによって、多数のエンジニアが育成されることを考えると、日本企業のＤＸも今後進展しそうである。ＳＤＧｓについても、ＪＲ東日本が、高輪ゲートウェイ駅を中心にＳＤＧｓのまちづくりを行うことを公表している。

新型コロナウイルスのワクチンは世界中で開発が進んでおり、7割経済といわれる「ウィズコロナ」の終わりは18カ月後、つまり21年末には訪れるというのが各コンサルティングファームの予測である。そうなると、そこから企業の競争が本格的にスタートする。本書はその来たるべきときに備えて企業は何を準備すべきなのか、「アフターコロナ」以降で何をどのように優先的に対応しなければならないのかについて、現時点でわかる範囲内で網羅的に書くことができたと考えている。

これらはすべてこれまで出会ってきたさまざまな経営者や研究者の方々という偉大なる巨人の肩に乗って作られたものであり、1人ずつ名前を挙げてお礼をすることはできないが、皆さまに感謝申し上げる。

また私の拙い文章を、わかりやすく、かつ客観的になるようにアドバイスをくださった翔泳社の長谷川和俊さんにも感謝申し上げる。長谷川さんが後押しをしてくださらなかったら本書は完成しなかっただろう。

最後に、ここまで読み進めていただいた読者の皆さまにも感謝申し上げたい。本書が皆さまの企業経営に少しでも役立てば本望である。

2020年8月　森 泰一郎

訳、武藤陽生訳、デジタルビジネス・イノベーションセンター訳、日本経済新聞出版社、2019年
・モニター・デロイト［編］『SDGsが問いかける経営の未来』日本経済新聞出版社、2018年
・ロジャー・マクナミー、デビット・ダイアモンド『ニューノーマル　リスク社会の勝者の法則』三五寛子訳、東洋経済新報社、2008年
・W・チャン・キム、レネ・モボルニュ『［新版］ブルー・オーシャン戦略　競争のない世界を創造する』入山章栄監訳、有賀裕子訳、ダイヤモンド社、2015年
・安宅和人『シン・ニホン　ＡＩ×データ時代における日本の再生と人材育成』NewsPicksパブリッシング、2020年
・岩尾俊兵『イノベーションを生む“改善”　自動車工場の改善活動と全社の組織設計』有斐閣、2019年
・荻島浩司『サブスクリプションシフト　ＤＸ時代の最強のビジネス戦略』翔泳社、2020年
・小山田育、渡邊デルーカ瞳『ニューヨークのアートディレクターがいま、日本のビジネスリーダーに伝えたいこと』クロスメディア・パブリッシング、2019年
・三枝匡『ザ・会社改造　340人からグローバル１万人企業へ』日本経済新聞出版社、2016年
・杉田浩章『リクルートのすごい構“層”力　アイデアを事業に仕上げる９メソッド』日本経済新聞出版社、2017年
・日本工業大学専門職大学院　MOT経営研究会『ケーススタディで学ぶ起業と第二創業』クロスメディア・パブリッシング、2016年
・沼上幹『組織デザイン』日本経済新聞出版社、2004年
・波頭亮『経営戦略概論　戦略理論の潮流と体系』産業能率大学出版部、2016年
・福田康隆『THE MODEL（MarkeZine BOOKS）　マーケティング・インサイドセールス・営業・カスタマーサクセスの共業プロセス』翔泳社、2019年
・三品和広『経営戦略を問いなおす』筑摩書房、2006年
・三品和広『戦略不全の論理　慢性的な低収益の病からどう抜け出すか』東洋経済新報社、2004年

参考文献

・エディス・ペンローズ『企業成長の理論［第３版］』日髙千景訳、ダイヤモンド社、2010年
・オマール・アボッシュ、ポール・ヌーンズ、ラリー・ダウンズ『ピボット・ストラテジー　未来をつくる経営軸の定め方、動かし方』牧岡宏監修、小林啓倫訳、東洋経済新報社、2019年
・クレイトン・クリステンセン『イノベーションのジレンマ　増補改訂版』玉田俊平太監修、伊豆原弓訳、翔泳社、2001年
・ジェフリー・ムーア『ゾーンマネジメント』栗原潔訳、日経BP、2017年
・ジーニー・ダック『チェンジモンスター　なぜ改革は挫折してしまうのか？』ボストン・コンサルティング・グループ訳、東洋経済新報社、2001年
・ジョン・ドーア『Measure What Matters 伝説のベンチャー投資家がGoogleに教えた成功手法OKR』ラリー・ペイジ序文、土方奈美訳、日本経済新聞出版社、2018年
・チャールズ・A・オライリー、マイケル・L・タッシュマン『両利きの経営』入山章栄監訳・解説、冨山和彦解説、渡部典子訳、東洋経済新報社、2019年
・ピーター・レイシー、ヤコブ・ルトクヴィスト『新装版　サーキュラー・エコノミー　デジタル時代の成長戦略』牧岡宏・石川雅崇監訳、アクセンチュア・ストラテジー訳、日本経済新聞出版社、2019年
・P・F・ドラッカー『ドラッカー名著集２　現代の経営』上田惇生訳、ダイヤモンド社、2006年
・P・F・ドラッカー『ドラッカー名著集５　イノベーションと起業家精神』上田惇生訳、ダイヤモンド社、2007年
・P・F・ドラッカー『ネクスト・ソサエティ　歴史が見たことのない未来がはじまる』上田惇生訳、ダイヤモンド社、2002年
・フレデリック・ラルー『ティール組織　マネジメントの常識を覆す次世代型組織の出現』鈴木立哉訳、嘉村賢州解説、英知出版、2018年
・マイケル・ウェイド、ジェイムズ・マコーレー、アンディ・ノロニャ、ジョエル・バービア『ＤＸ実行戦略　デジタルで稼ぐ組織をつくる』根来龍之監

森　泰一郎（もり・たいいちろう）
経営コンサルタント。東京大学大学院経済学研究科経営専攻卒業。
大学院にて経営戦略を研究。経営コンサルティングファームを経て、IT企業の経営企画マネージャーとして業界・DX変革のための経営戦略策定をリード。その後、IT企業の取締役COO/CSOとして経営戦略からDX新規事業の立ち上げ、人事・IT管轄を担当。
現在成長企業から大手企業向けの経営コンサルティング、新規事業開発、DX変革、Webマーケティング支援を手掛ける。Business Insider Japanなどの各種マスメディアで企業変革やコロナショック、「アフターコロナ」の経営など経営・経済動向の記事を多数執筆。

編集協力　NPO法人 企画のたまご屋さん
装丁　井上 新八
DTP　一企画

アフターコロナの経営戦略

コロナショックを生き延びる！ 事業経営の実践ノウハウ

2020年 8月 5日　初版第1刷発行

著者　森《もり》 泰一郎《たいいちろう》
発行人　佐々木 幹夫
発行所　株式会社 翔泳社（https://www.shoeisha.co.jp）
印刷・製本　株式会社 ワコープラネット

ISBN978-4-7981-6769-5　Printed in Japan